图书在版编目（CIP）数据

朝气与梦想：奋斗是一种信仰 . 汉、英 / 文泽平著 .
北京：中国发展出版社，2019.9

ISBN 978-7-5177-1047-9

Ⅰ . ①朝… Ⅱ . ①文… Ⅲ . ①社会主义核心价值观－中国－青年读物 －汉、英
Ⅳ . ① D616-49

中国版本图书馆 CIP 数据核字 (2019) 第 188090 号

书　　　名：朝气与梦想：奋斗是一种信仰 (汉、英)
著作责任者：文泽平
出 版 发 行：中国发展出版社
联 系 地 址：北京市西城区裕民东路 3 号 9 层　100029
标 准 书 号：ISBN 978－7－5177－1047－9
经　销　者：各地新华书店
印　刷　者：四川科德彩色数码科技有限公司
开　　　本：787mm×1092mm　1/16
印　　　张：30
字　　　数：350千字
版　　　次：2019 年 11 月第 1 版
印　　　次：2019 年 11 月第 1 次印刷
定　　　价：120.00元

联 系 电 话：（010）68990642　68990692
购 书 热 线：（010）68990682　68990686
网 络 订 购：http：//zgfzcbs. tmall. com//
网 购 电 话：（010）68990639　88333349
本 社 网 址：http：//www. develpress. com. cn
电 子 邮 件：fazhanreader@ 163. com

谨以此书

庆祝中华人民共和国成立 70 周年、纪念五四运动 100 周年

目　录

开　篇

题记……001

新时代与青年使命（序一）……003

一个中国梦想（序二）……009

第一篇　人生观：自我认知即命运

01　出身：贫穷不是障碍，贫穷思维才是……017

你选择不了出身，那就选择打拼……017

有怎样的信念，就有怎样的人生……021

从平凡到不平凡……025

出身因梦想而改变……029

02　求学：无学习，不青春……033

年轻就是打破一切不可能……033

树立远大理想……037

从出生开始，读好人生大学……040

练就过硬本领……044

03　创业：没有绝望的处境，只有绝望的心境……048

你要相信，“相信”的力量……048

选择比努力更重要……051

领先者生存……054

脚踏实地，坚定向前……057

勇于砥砺奋斗……060

志存高远，勇于行动 …… 064
创业时代，欢迎你勇敢上路 …… 068

第二篇　价值观与财富观：从创富到共富

04　会赚钱代表能力，会花钱代表境界 …… 077
暴富不是追求，创富才是目的 …… 077
简化物欲是一场漫长的修行 …… 080
你如何支配财富，决定你有多大成就 …… 085
精神富足，物质才富足 …… 089
从创业到创富，你准备好了吗 …… 093

05　一个人富有是小富，一群人富有是共富 …… 098
一个人成功远远比不上一群人成功 …… 098
成就别人就是成就自己 …… 101
物质与精神实现共富 …… 105
人人为我，我为人人 …… 108

06　回馈社会，实现中国梦 …… 113
今天你捐赠，明天你受益 …… 113
扶贫必先扶智 …… 117
投身教育，拥有未来 …… 120
青年当热爱伟大祖国 …… 124

第三篇　家国情怀：大国崛起与个体之路

07　时代造就个人，国家决定命运 …… 133
国家强，则个体强 …… 133
中国崛起的力量 …… 136
时代已至，使命必达 …… 140
“两个一百年”，实现中国梦 …… 144

08　新时代开启，青年必须拥有红色信仰 …… 149
相信信仰的力量，追随红色洪流 …… 149

吃苦耐劳，成为“关键的少数”……153
不忘初心，牢记使命……157
担当时代责任……160

09 **创新者的探索**……164
创新注定艰难……164
从明天看今天，敢于尝试创新……168
看清未来，然后坚持向前……172
辉煌中国的创新之路……177

第四篇 全球化 4.0 时代，你必须拥有大国格局

10 **新时代大门开启**……185
新商业文明……185
全球化……189
今日之中国是世界之中国……193
根在中国，走向世界……197
文化力量，源远流长……201

11 **青年的力量**……205
文化自信与民族复兴……205
亚洲文明，青年使命……208
“亚洲 100 计划”……210

12 **从中国文明到世界文明**……214
中华民族的大同观……214
人类命运共同体……218
我们期待怎样的世界……222
世界期待怎样的中国青年……224

后记 正能量与文明新图景……229

题记

青年最富有朝气、最富有梦想！

中华民族伟大复兴终将在广大青年的接力奋斗中变为现实！

——习近平

（摘自《习近平在纪念五四运动100周年大会上的讲话》）

新时代与青年使命
（序一）

感谢这个伟大的时代，实现中华民族伟大复兴的中国梦和构建人类命运共同体正把我们带向全新图景。

世界多极化、经济全球化、文化多样化、社会信息化，我们如何应对共同挑战、迈向美好未来？

生逢新时代，自当担大任！无论未来挑战如何严峻，我们满怀希望。

（一）

2019 年是五四运动 100 周年，也是中华人民共和国成立 70 周年。在这不平凡的一年里，来自亚洲 47 个国家和五大洲的各方嘉宾齐聚中国，共商人类命运共同体建设大计。

“五四运动以来的 100 年，是中国青年一代又一代接续奋斗、凯歌前行的 100 年，是中国青年用青春之我创造青春之中国、青春之民族的 100 年。”习近平总书记在纪念五四运动 100 周年大会上的重要讲话指出，“青年是整个社会力量中最积极、最有生气的力量，国家的希望在青年，民族的未来在青年。今天，新时代中国青年处在中华民族发展的最好时期，既面临难得的建功立业的人生际遇，也面临‘天将降大任于斯人’的时代使命。新时代中国青年要继续发扬五四精神，以实现中华民族伟大复兴为己任，不辜负党的期望、人民的期待、民族的重托，不辜负我们这个伟大时代。”①

“100年来，中国青年满怀对祖国和人民的赤子之心，积极投身中国共产党领导的革命、建设、改革的伟大事业中，为人民战斗、为祖国献身、为幸福生活奋斗，把最美好的青春献给祖国和人民，谱写了一曲又一曲壮丽的青春之歌。实践充分证明，中国青年是有远大理想抱负的青年！中国青年是有深厚家国情怀的青年！中国青年是有伟大创造力的青年！无论过去、现在还是未来，中国青年始终是实现中华民族伟大复兴的先锋力量！”②

100年前的5月，面对国家和民族的生死存亡，在贫穷、耻辱和满腔的悲愤中，一批爱国青年挺身而出。

历史的车轮滚滚向前，今日之中国，面临全新的机遇与挑战，今日之青年正在为全面建成小康社会、加快建设社会主义现代化国家、实现中华民族伟大复兴的中国梦而努力。

---

①② “习近平在纪念五四运动100周年大会上的讲话”，《人民日报》，2019年4月30日。

（二）

总结历史，回首百年时光，我们可以骄傲地说，中华人民共和国成立以来的 70 年，是中国发生翻天覆地变化的 70 年，是中国历史上伟大的 70 年。放眼未来，我们要用什么样的维度和方法，去思考青年价值与定位青年使命？

任何伟大时代的到来一定有它的逻辑，过去 100 年，中国究竟发生了什么？

从五四运动到中国共产党建立，从中华人民共和国成立到成为世界第二大经济体，从一穷二白到经济腾飞，尤其是 1978 年以来，青年企业家群体崛起，支撑中国经济不断创出新高。在推动经济发展的同时，这些青年企业家亦在积极践行企业责任，推动社会进步。

从现在到 21 世纪中叶，从 20 岁到 50 岁，我们这一代人，正青春。我们是实现中国梦的中坚力量，理所应当承担起时代责任和历史使命，为实现中华民族伟大复兴的中国梦贡献力量。

本书是青年企业家文泽平的力作，是他总结自己创业历程、认识世界的全球视野，亦是他向外传递正能量的努力方式之一。

2007 年，来自中国四川达州贫困山村的“80 后”小伙子文泽平考入四川大学工商管理学院。入学不久，19 岁的文泽平决定创业，他在大学的公用电话亭里每天打七八个小时电话，耗时4个多月的时间，累计借到38万多元。当时有118个人借钱给他，最多的人借1万元，最少的人借50元，他用这借到的第一桶金当起了“大学生猪倌”。

创业从来都不是一帆风顺。这期间起起落落，几番打击，但文泽平并未放弃。“没有绝望的处境，只有绝望的心境。”他曾在公园打过地铺，也曾吃过白水面配“老干妈”，但他始终咬紧牙关坚持不懈。如今，他带领的蓝骄传媒已经从一间不足50平方米的小店铺，发展成为今天实力强大的现代化企业。

文泽平是中国大学生自强之星标兵、四川新经济十大领军人物、全国十大优秀青年企业家，更是被众多国际媒体频频点赞为“中国青年名片”的青年企业家。2017年，他向母校四川大学捐赠1600万元，设立“泽平自强奖助学金”和大学生“双创”基金，登上2018胡润慈善榜。值得一提的是，文泽平是该榜单历史上最年轻的上榜者，也是四川地区唯一上榜企业家。

《中国青年报》评价他，“从一个贫寒的山里娃到知名的青年企业家，文泽平的经历就像一部跌宕起伏的小说，时而高潮迭起，时而落魄无常”。

文泽平自己总结，创业过程中，他感恩社会各界帮助过他的人，“那118个借钱给我的人，他们给了我创业的勇气和动力；团中央、全国学联‘2008年度中国大学生自强之星标兵’的荣誉，它给予了我认可；

一起创业的伙伴，在人生最低谷的时候陪我走到今天”。

成就大业，首在育人。今天是长江后浪推前浪的时代。更是江山代有才人出的时代。立德树人，以文化人，培养能够担当民族复兴大任的时代新人，才能实现中国梦。

文泽平，作为时代新人，肩负着民族复兴的大任，将理想信念放在关键位置，将以爱国主义为核心的民族精神和以改革创新为核心的时代精神内化于心。不忘初心，牢记使命，坚持社会主义道路自信、理论自信、制度自信、文化自信。

社会主义核心价值观是全体人民的共同价值追求。培养时代新人，必须发挥社会主义核心价值观的引领作用。扣好人生第一颗扣子，就是要将价值观教育作为人生必修课。

今天，我们看文泽平的人生经历，正是一个时代新人担当责任的最佳体现。

在创业取得阶段性的成功后，他持续不断向外界传递正能量。他分享自己的“十六字感悟”，即“不忘初心、感恩前行、志存高远、脚踏实地”。在困境和挫折面前，他始终不忘对梦想的坚持，始终不忘对初心的追寻。这种根植于内心的奋斗精神深深地感染和激励着众多人。

文泽平说他一直在讲解一个故事，自强的故事；诠释一种精神，自强的精神，“希望更多的人能够重拾初心，不负光阴，看清自己的梦想，找准自己的目标，去坚持，去努力，去拼搏，无论在任何时候，面对任何处境，都不要轻言放弃”。

怀着挚热的感情，把这本书献给全世界的青年，希望大家从中国青年企业家文泽平的心路历程中，看到中国青年的力量，亦希望全世界的青年都奋发图强。

廖宇靖

中国作家协会专职作家

2019 年 8 月 26 日

一个中国梦想
（序二）

从中华人民共和国成立时的 5.4 亿人口，到今天近 14 亿人口；从 2001 年高速公路里程 1.9 万公里，到 2018 年底达到 14 万公里；从掌握“两弹一星”，到实现载人航天；从接入互联网，到推动形成全球统一 5G 标准；从推行雄安新区，到支持深圳建立先行示范区……这幅 960 万平方公里的宏伟画卷之上，无数气势如虹的底色正在描绘。

毋庸置疑，任何国家强大的原因，都来自这个国家的人，而青年一辈更为特殊。中国的未来属于青年，中华民族的未来也属于青年。

中国共产党创始人之一李大钊曾说，青年要“为世界进文明，为人类造幸福，以青春之我，创建青春之家庭，青春之国家，青春之民族，青春之人类，青春之地球，青春之宇宙，资以乐其无涯之生”。时代的车轮滚滚向前，但无论过去、现在，还是未来，青年永远都是实现中华民族伟大复兴的先锋力量。

风至云起，潮涌东方。

2019 年是五四运动 100 周年，也是中华人民共和国成立 70 周年。在这注定不平凡的一年中，我写下了《朝气与梦想：奋斗是一种信仰》一书。这是有关我从 19 岁开始创业，几经波折起伏也不向命运低头的故事；也是我作为一个中国青年追梦圆梦，释放青春激情、燃烧青春梦想的故事；更是身为“中国青年名片”，我如何认识世界、看待世界的故事。怀着赤忱热烈的情感，我将这本书献给世界上的每一位青年，希望携青年之手，发青年之声，聚青年之力，共创青年之未来。

少年强则国强，少年独立则国独立，少年自由则国自由，少年进步则国进步。从中华人民共和国成立至今，70 年历史洪流浩浩荡荡，70 年祖国变化天翻地覆。毋庸置疑，这是一代又一代中国人前赴后继、激扬青春的结果。

现在是比历史上任何时期都更接近、更有信心和能力实现中华民族伟大复兴目标的时刻。身处伟大新时代，每位中国青年都应当肩负起时代赋予的责任，既要谋划人生，更要创造历史。

每一代青年都有自己的际遇和机缘。作为青年企业家，我们更应当向世界展示中国青年的力量。响应习近平总书记在亚洲文明对话大会的号召，我与好友廖宇靖一道创办了中国多彩文明发展基金会、亚洲文明文化传媒有限公司，并发起了“亚洲 100 计划”。我们争做亚洲文明的传承者和守护者，共创亚洲文明和世界文明的美好未来，也希望以此引领更多青年一道书写新时代。

与此同时，青年当始终明确，爱国是第一位的。孙中山先生曾说，做人最大的事情，就是要知道怎么样爱国。爱国不是一句口号，而是深入骨髓的情怀与担当，它是人世间最深层、最持久的感情。生在这片土地，保护她，热爱她，竭尽所能让她更美好。我想，这是身为中国人与生俱来的使命与职责。

天南地北，抑或是山南海北，去掉青年们头上的地域标签，作为个体的每位中国青年都有共同的谈资，共同的爱好，也有共同的梦想。

或许有部分青年陷入身份认同困境——我是谁？但是这真的是一个问题吗？香港或是台湾，北京或是上海，华人还是华侨，青年接受的是英文还是汉语教育，都连着中国的根。血脉相连的情感，无论何时，无论何地，都不可能割舍。

时空之轴上，唯有我们能上下五千年，纵横几万里，在绵延不绝、传承至今的中华文明里追溯过往，展望未来。盛唐，一座长安城云集各国商人，尽显其从容不迫的自信与海纳百川的胸怀。宋朝，一幅《清明上河图》画尽城市的繁华，工商业发展的盛况。但我们也曾落后，也曾封闭。明清，封建王朝闭关锁国，错失现代化良机。屈辱的近代史给了我们最清醒的认识——落后就要挨打。中华人民共和国成立，我们找到了中国特色社会主义道路。铭记历史、发奋图强，我们用几十年时间走过发达国家几百年的发展历程，最终实现“弯道超车”。

五千年灿烂中华文明，一百多年屈辱近代历史，四十多年燃情改革开放，共同构成了中华民族代代传承、奋勇往前的历史坐标。知过往，明未来。在时间与空间的对照中，在历史与现实的对话中，我们要找准自己的定位，明晰自己的职责。了解中华民族历史，秉承中华文化基因，我们要始终将自己的前途命运与国家的前途命运紧密联系。这也是我力图在本书中传达的理念。

“神州”升天，“蛟龙”入海，今日之中国不同往日。我们每一个人都见证着祖国的繁荣昌盛，倚靠着祖国的强大实力。

这是江山代有才人出的时代。时代的责任属于青年，时代的荣光也属于青年。社会主义现代化需要青年去建设，中华民族伟大复兴需要青年去奋斗。中国青年当携手共进，共同为实现中华民族伟大复兴中国梦而奋斗。

文泽平

2019 年 8 月 26 日

第一篇

人生观：自我认知即命运

“

千磨万击还坚劲，任尔东西南北风。

［清］郑燮《竹石》 ”

如果任正非一出生，抱怨的是动乱的战争与祖国建设期的挑战，以及一家八口人艰难的吃饭问题，那么，如今不会有华为。如果褚时健，面对父亲早逝、兄弟姐妹等一家人家庭重任时，选择退缩，如今也不会有一代烟王、橙王。再看 21 世纪的今天，不乏身边的普通人在某一领域做出非凡成就的案例，细细观察，他们或收获了财富，或收获了事业，或收获了尊重与光环……

幸福是奋斗出来的。一个人的出身存在局限，但一个人的认知没有局限。有一句话是“天空即顶”，意思是天空才是顶，宇宙才是边界。然而，宇宙之浩瀚，无穷无尽，有边界吗？答案是没有。

做人也好，做事也好，首先是要敢想。你的理想够高，你才能飞得够远。庄子在《逍遥游》中讲：“北冥有鱼，其名为鲲。鲲之大，不知其几千里也；化而为鸟，其名为鹏。鹏之背，不知其几千里也；怒而飞，其翼若垂天之云。”

一条鱼能够大至几千里，化为鸟飞上青天。那么，作为青年的你呢？你有多久没有打破自己的思维局限了？你为自己的理想做出过改变吗，甚至是忍受孤独与贫困？你在追求梦想的时候为一件小事做到极致了吗？我们问问自己，答案尽知。

今天的社会是一个公平的社会，这种公平体现在对每一个人的付出与回报上。勤劳不一定富有，不勤劳却一定不富有。成为不了马云，你就成为你自己；成为不了世界的中心，你就做你自己的中心。

01　出身：贫穷不是障碍，贫穷思维才是

每个人都无法否定与生俱来的东西，出身如是。世上大多数人，都不可能出生就含着金汤匙。我们或许都有着平凡的出身，普通的过往，但是一切的一切，都不能阻碍我们成为想要成为的人。

“自信人生二百年，会当水击三千里。”画地为牢，陷于出身困境，你永远都挣脱不开枷锁。人生走向如何，从来都是你说了算。你有心想要突破过往，那就给过去画上句号，跳脱思维牢笼，扬帆起航。

你选择不了出身，那就选择打拼

人无法选择自己的出身。有些人生而富有，自出生便能享万贯家财；有些人生而贫穷，一开始就要在生存的边缘线上苦苦挣扎。一直以来，出身差异确实是客观存在的现实。

我们永远无法否定自己的出身，在面对贫穷出身和苦难时，你是选择退而远之、消极逃避，还是迎难而上、直面挑战？

无论是西汉囊萤映雪的车胤，还是晋代凿壁偷光的匡衡，千百年前贫苦出身的少年用自己的经历，向后人传递他们未曾向苦难屈服的精神。

时光悠悠流淌而过，当宋朝的范仲淹经历两岁丧父、母亲改嫁的

苦难后，也依旧不曾放弃自己。他吃饭上顿不接下顿，但依旧“昼夜苦读，五年未尝解衣就寝”。有时夜里备感疲惫，他以冷水浇脸，清醒意识，遂大通儒家经典，立志为天下做一番事业。

《岳阳楼记》一句“先天下之忧而忧，后天下之乐而乐”，说尽他平生抱负。出身贫寒又如何？只要不屈服于贫寒，树立远大理想，敢于奋斗打拼，人生画卷必将一张蓝图绘到底。

自古以来，贫穷出身都不能为你的人生划定边界。若以贫穷划定边界、否定自我，甚至以此作为不奋斗、不努力的借口，这实则是一种消极颓废的人生观。

华为创始人任正非出身十分贫困。他从小挣扎在社会底层的生存困苦中，且经历了三年困难时期、“十年动乱”、艰苦卓绝的中华人民共和国建设，外界甚至用苦难英雄来形容任正非。但苦难的出身反而造就了任正非异常坚毅的性格，他深知，要想改变现状，必须坚定“活下去”的原始生命力。这也是华为成为伟大公司的最坚强动力。

出身永远是过去式，出身能决定的，只是起点，绝不是终点。依靠自身努力，我们完全有可能扭转人生这盘棋局。

但不得不说，贫穷于我，是一种苦难。我出生在四川达州宣汉县的一个小山村，家里十分贫穷。绳索悬挂的锅下烧上一把柴火，这就是我幼年家中做饭的场景。生活尚且艰辛，更别说有看动画片之类的精神娱乐。出生在这种贫穷的家庭，就算在村里，我也是被嘲笑的对象。

不可否认，这种饥寒交迫的生活确实让年幼的我一度陷入了自卑的情绪中。幼时，村子中没有小学一、二年级，父亲便拿着柴火堆里的黑木炭教我念书识字。后来，我到县城上学，无论身高外貌还是技能才艺，全都不如别人。

出身贫穷，但我从未抱怨过分毫。正是在这样的贫穷出身面前，一种强烈渴望改变的上进意识开始在我心中生根发芽。虽然我是班上年龄最小、个子最矮的人，但我渴望出众，渴望第一。随着年龄的增长，我内心深处打破自卑、告别贫穷的想法也愈发强烈。

在这种精神力量的驱动下，我把读书学习作为改变现状的最有效方式。人与人之间最大的差距，从来都不是情商智商，而是坚持下去的决心。我自幼学习成绩极好，并非因为天资聪颖，而是源于曾经让我自卑的家庭出身。

面对贫穷，你是将它看作人生的绊脚石，还是让它成为你成功的助推器？在不断成长的过程中，我们应当逐渐学会辩证地看待问题。就如失败一样，经历过一次、两次、三次之后，再回头看，这何尝不是一笔人生财富？

贫穷的范围很广，若只论出身，我始终抱有一个观点：贫穷是一场灾难，也是一笔财富。灾难在于，自出生开始，你的生存环境便不容乐观。财富在于，这种外在环境可以锻造出个人誓不低头、敢于向贫穷亮剑宣战的性格。

选择不了出身，你就选择打拼。对于一个人如此，对于一个国家也是如此。

一个国家，一时贫穷落后，这并不可怕。真正可怕的是，这个国家的人民长时间甘于贫穷落后而不知奋起直追。长此以往，这个国家离“挨打”和被欺凌也就不远了。

1959 年 12 月，毛泽东在读书批语中如此写道：“中国现在还处在被人看不起的地位，这是有理由的，因为我们还不行。这么大的国家，只有这么一点钢，人民生活水平这么低，有这么多文盲。人家看不起我们，对我们有好处，逼着我们努力，逼着我们进步。”① 当时的中国，用他的话来说，就是“一穷二白”。

在这种情况下，无数的劳动人民没有气馁和放弃，反而因此激发了无穷的斗志。秉持着自力更生、艰苦创业的精神，他们筚路蓝缕，一路披荆斩棘，慢慢改变着祖国贫穷落后的面貌。

如今，经过几十年，尤其是改革开放以来的发展建设，中国发生了一系列让世界为之惊叹的巨变。随着经济飞速发展、综合国力不断

① 转引自刘正妙：“理想与现实：理解毛泽东社会主义观的一个视角”，《湖南科技大学学报》，2013 年第 5 期。

增强，我们不仅解决了最基本的吃饭问题，还重新站在了世界舞台的中心。对此，作为一名新时代的中国青年，我深感骄傲和自豪。

对于当下社会主力军，即青年一辈来说，要想有所作为、彻底打破画地为牢的贫穷局面，必须改变观念，不要把一个人的出身与外在环境当做你前进的绊脚石。

有怎样的信念，就有怎样的人生

“身之主宰，便是心。”

有怎样的内在信念，就有怎样的人生高度，就能成就怎样的人生事业。

一个人的一生有三大支撑，分别是价值取向、人生态度、理想憧憬。

人生路漫漫，有人画地为牢，束缚一生；有人碌碌无为，平庸到老；但更有人心之所向，无所畏惧。

人生是何归途，正如国家是何未来，关键在于我们每一个人是否有思想、有信仰。

20 世纪，家国飘零之际，内忧外患之时，共产党人有信仰，于是带领着广大人民群众推翻三座大山，建立起一个中华人民共和国。中华人民共和国成立后一穷二白之际，国力衰弱之时，改革开放的伟大决策推动中国经济飞速发展，综合国力迅速增强。

国家命运如此，个体命运也如此。我们每个人，尤其是当代青年，要成为什么样的人，拥有什么样的人生，关键在于我们对人生如何思考。

毋庸置疑，人生常与贫富相伴，但贫穷或富有真的就决定了我们的一生吗？其实不然。

众所周知，内因是事物变化发展的根据。若与人生作比，道理亦然。我相信，一个人的出身和所拥有的物质财富固然重要，但更重要的是他的内在信念，一个人的内在信念在很大程度上决定了他未来的人生高度和格局。

试问，你有没有幻想过你的未来？是一张蓝图绘到底，还是陷于贫穷庸碌无为？是怀揣梦想往前冲，还是甘于现状止步不前？

其实，人生丰富多彩，世界广阔无边，只有培养我们的内在财富，树立正确的价值观，才能迎来精彩人生。

价值取向决定人生方向。习近平总书记曾说道："青年的价值取向决定了未来整个社会的价值取向，而青年又处在价值观形成和确立的时期，抓好这一时期的价值观养成十分重要。这就像穿衣服扣扣子一样，如果第一粒扣子扣错了，剩余的扣子都会扣错。人生的扣子从一开始就要扣好。"①

---

① "习近平在北京大学师生座谈会上的讲话"，《光明日报》，2018 年 5 月 8 日。

人生的扣子，青年的价值取向，皆与内在信念紧密相关。

一个人内在信念的修炼，相当一部分源于从小所接受的各种教育，而当下的家长非常注重“术”的培养，如琴棋书画、奥数作文等。然而，在为目标奋斗的过程中，最根本最核心的要素却是理想、信念等精神力量。

对于国家而言，没有正能量的文化力做支撑，纵使再富有，这个国家的人民也如同置身荒漠，毫无精神寄托。

鲁迅曾说：“我们自古以来就有埋头苦干的人，有拼命硬干的人，有为民请命的人，有舍身求法的人。”从古至今，我们并不缺乏内在财富。中华民族源远流长五千年的古老文明，仁人志士绵延不绝的精神文化，都是我们这个国家、民族的宝藏。

对于我们每个人而言，如果没有正确价值观做引导、做铺垫，人生便如海上孤舟，没有方向。

在 30 多年的生命历程里，我从家境贫穷、创业失败的人生阴影里走出，不断打磨历练了强大的内心世界。现在回想起来，所谓强大，正是我树立正确的价值取向，形成的正向引领作用。

人生态度决定脚下路径。

无论出身贫穷还是富裕，无论拥有还是失去财富，无论成功或是失败，这些都不重要。重要的是，此时此刻你拥有怎样的人生态度。

我相信，身为当代青年，我们拥有的人生态度，关乎着国家的未来。如果我们朝气蓬勃充满希望，那么我们在应对任何处境时，都会信心十足，我们的国家也将充满希望。

我从小立志，终将有一天我会改变家庭贫困的现状，甚至未来某日，还会给这座山村带来改变。

但对于当时渺小的孩子而言，能做什么？唯有拼命学习，因为读书是改变我人生的唯一出路。事实证明，就算生活一无所有，如果你将现在的贫苦转化为学习的动力，也依旧能对人生充满激情。

“吾愿吾亲爱之青年，生于青春，死于青春。”多年前，李大钊寄语青年，希望青年永葆热情。时光流转，我们新时代青年又有一番际遇，但青春之热情，人生之积极态度，永不过时。

青春梦想成就人生高度。

人生一世，我们能走多远？内在信念就是决定我们一生版图的关键因素。“无求上则居中，无求中则居下，无居下则无为。”在这个看似耻谈梦想的年代，很多人似乎被日复一日的单调生活磨灭掉了曾经的热情。

或许你的起点从来就不高。或许因为家庭贫困、其貌不扬，你在童年甚至青少年的很长一段时间里，都是自卑的。但自卑之下，你要做的是什么？不是一味地自暴自弃，而是自立自强、追求梦想。

一直以来，我庆幸自己走在了奋斗路上。梦想改变了我的人生轨迹，纵然一路起伏不止，但我依旧奋勇朝前。

我相信，在生命的任何阶段，在人生的任何处境下，人都需要拥有理想。在追逐梦想的过程中，我们会成长为一名勇敢坚强的斗士，一名有着星河般璀璨和大海般深邃心灵的斗士。

我们在人生道路上一路前行，价值取向、人生态度、理想憧憬，都是伴随一生的宝藏。拥有怎样的内在信念，我们就会成就怎样的人生，而我们代表着的更是祖国的未来。

从平凡到不平凡

一直以来，关于平凡和不平凡，人们都有各自的评判标准。何谓平凡？何谓不平凡？这两者间存在着怎样的关系？一言以蔽之，伟大的鲜花要靠平凡的汗水来浇灌，不平凡寓于无数的平凡当中。

每个人都生活在平凡之中，平凡确乎就是一种生命的常态。

在历史的长河面前，每个人都是平凡普通的一分子，哪怕现在拥有何等荣光、几多财富，和浩瀚无垠的时空相比，终究都是平凡的。同理，一个人的人生经历，纵然再波澜起伏，细细划分也是由无数个平凡的瞬间组成。

平凡不是平庸，也不代表着消极，更不是用以麻痹自己、不思进取的借口。与多数人一样，你可能出身平凡、相貌平凡，就连创业所做的项目也非常平凡。总而言之，你或许就是一个做着平凡事的平凡人。但一切伟大都出自平凡，你要始终认可并且接受自己的平凡。

在我的创业过程中，酸甜苦辣、人生百味皆有，其中每一个瞬间、走过的每一步路都是平凡的。12 年来，我涉猎的每一个行业、行情有好有坏，生意有赚有亏，归根到底，也不过“平凡”二字。一年 365 天，创业的日日夜夜都很平凡。但是，日积月累后的某一个瞬间，量变可能就会产生质变，从而带来不凡的收获。

1932 年，日本著名实业家稻盛和夫出生于鹿儿岛。23 岁时，他毕业于鹿儿岛大学——一所以医学著称的日本二流大学。和多数人的人生经历类似，他也不过是一个平凡的小镇青年，上了一所平凡的大学。

大学毕业后，他遇上经济大萧条，进入一家瓷器厂工作。瓷器厂效益极差，连工资都发不出，于是同事相继离职。几经波折之下，稻盛和夫依然留在了瓷器厂，继续从事研发工作。

他做的事情依旧平凡。他吃住都在车间，每天与陶瓷相依为伴，看杂志，了解行业最新动态，做实验，日复一日。

他需要研发镁橄榄石，但面临的最大难题是无法将其黏合在一起。一天，偶然之间他踢翻的松香黏在了裤子上，刹那间他找到了最好的黏合剂。

量变产生质变的瞬间在此刻来到，平凡的日日夜夜的努力也得到了不凡的回报。

平凡与不凡，两者从来没有高低之分。它们关系紧密，相互成就。当坚持做平凡的事情多了久了，总有一天，在别人的眼中，你就不平凡了。

回忆当初创业，我从大学校门出来，眼前只有一个状况——债台高筑。那时我依旧想创业，依靠励志演讲获得 1 万元收入，而后又有好友几人凑 5000 元现金资助，总计 15000 元，这便是当时的全部家当。从当年一个人到如今上千人，从 50 平方米的铺面到如今逾 100 亩基地的大本营，正是无数个平凡日夜的坚持，才有了现在的成果。

创业初期，我们吃的是白水面加“老干妈”，挤在 50 平方米的房子里，睡大通铺，条件并不好。但正是我一直坚持做自己认为有意义的事情，才带领一群人创下了如今的江山。

其实我们每个人每一天都很平凡，只不过是平凡的事情做得多了，一直在坚持，总有一天，你在别人的眼中，就不平凡了。

一个人的一生中，会有些许的高光时刻，但更多的时候还是平凡。如果你超出平凡去定义自己，认为自己是一个英雄、一个成功者，那就背离了生活的真相。对于一个人来说，认识到自己的平凡很重要。只有在认清自己的平凡之后，方能保持始终如一的初心状态。

当下青年应该有一种平凡的心态，应当意识到我们每个人、我们做的每件事情，其实都很平凡。但平凡不是说安于现状、懒懒散散，而是在当下这个时代保持初心，不浮躁、不沉沦。

无论财富上多几个零，无论个人荣誉有多少，我们永远都是平凡人。我不认同超越平凡，也不认同甘于平凡。唯有不忘初心、奋斗不息，才是我们这一代青年应该保持的状态。

要成就一番大事业，必须先从小事做起。所谓不平凡，更多是指在日复一日的平凡小事中，持之以恒地积累量变最后达到质变的一种结果。平凡孕育伟大。每个人所做之事，没有高低贵贱之分，只是社会分工的不同。在平凡的岗位上，每个人都做着普通的事情。当一个人脚踏实地去做该做的事情，然后再把每一个平凡的瞬间编织起来，或许就能构成某一个不平凡的瞬间。

著名学者周国平曾说："中国的老百姓有一个很朴素的标准，他们把历史上的时代分为治世和乱世，治世就是老百姓能够安居乐业，大家都能好好过平凡生活。乱世就是兵荒马乱，或者贪官污吏横行，老百姓不能安居乐业，平凡生活遭到了破坏。"从这个分法来看，当前的中国正处于一个伟大的治世时代。

我们现在所享受到的和平安定生活，都是先辈和无数平凡人共同创造出来的。每时每刻，边关的哨兵、逆行的消防员、值班的白衣天使、手握方向盘的公交司机，等等，都在自己平凡的岗位上默默创造着不平凡的成绩。

作为新时代的中国青年，身处这个伟大的时代，我们要坚持在平凡的岗位上做出不平凡的成绩，不辜负自己和时代，为实现人生价值和中华民族的伟大复兴做出贡献。

出身因梦想而改变

每个人都有梦想和追求，我国现代桥梁奠基人茅以升的梦想就是为中国人民造好桥。这个出生在中华民族任人宰割年代的中国青年，自小便以祖国富强、民族复兴为己任，用桥梁托起中华脊梁。

1911 年，茅以升考上著名工程学府——唐山路矿学堂（今西南交通大学）。同年，辛亥革命爆发，他曾一度想要投笔从戎。后来，他听到孙中山先生说："开发资源、办工厂，实行大机器生产。发展实业，繁荣市场，扩大贸易……凡此种种，都离不开交通运输。我们需要修筑十万英里铁路，一百万英里公路。希望寄托在在座诸君身上。"

从此，"为祖国建设现代化桥梁，让铁路、公路畅通无阻地跨过大江大河"成为茅以升矢志不渝的梦想。

为了实现梦想，茅以升制定了一套行之有效的学习计划。在其他同学被老师英文授课、学校无正式课本、考试频繁等弄得措手不及时，他却有条不紊地按计划进行学习。上课听讲记重点，课后翻外文书整理笔记、预习新课。在无数次考试中，他永远名列第一。

后来出国深造，茅以升也依旧关注大洋彼岸的祖国。他始终将为祖国造桥梁的梦想牢记在心，1919 年 12 月 14 日，他在归国的轮船上激情澎湃，誓将全部的知识和才学奉献给祖国，让梦想在这里生根发芽。

时代不断推进脚步，让现在成为过去，未来成为现在。要想成功，必须守住一方梦想，为梦想的实现不断燃烧自己。未来已至，在打开成功之门时，你还不燃烧自己的梦想吗？

每个人都应该有自己的梦想，无论设定的梦想与现实的距离有多长，都存在将梦想化为现实的可能。因为借助梦想的力量，能催生出成功的花朵。

人因梦想而不同，因梦想而夺目，没有梦想的人就如同行尸走肉一般，只是活着。有梦想的人对生活更加充满希望，不同的生命会以不同类型的梦想展示在大家眼前。

我有过四次高考经历，四年一役，追梦旅途，不如人意。我曾经想过，哪怕考到 50 岁，也一定要进入北京大学学习文学。但现实问题摆在眼前：亲人重病，家里仅有积蓄已被掏空。19 岁的我，已到了承担家庭重任的年龄。2007 年，经历四次高考后，我最终来到四川大学，就读工商管理系。现在，回首四次高考岁月，我依旧不后悔有这样一段经历。那不是颓废虚度的四年，而是为了梦想勇敢起舞的四年。我感恩当年那个青涩却拼命的自己，更感激那四年时光对我的残酷打磨。

现在是每个人成就梦想的时代，我们要坚定不移地抓住梦想，燃烧梦想。因为通往梦想成功的道路没有捷径可言，只有脚踏实地的努力，才会有收获。

每个人的梦想都不可能脱离时代、国家。在近代，我们落后挨打、割地赔款，受尽屈辱，当时国人的伟大梦想是驱逐外敌。现在，我们站起来，富起来，实现中华民族伟大复兴就是我们每个人共同的梦想。

今天，我们如何为实现中国梦出力？

梦想是指引我们前行的明灯。未来风光越是无限好，越需要我们付出艰辛努力。四次高考落败，北大梦醒，但我依旧相信“长风破浪会有时”。现在看来，我感谢年少时期四次高考的经历，它成为我往后人生路上必不可少的铺垫。

“功崇惟志，业广惟勤。”身为中国青年一代，我能够取得如今的成绩，甚至还敢于去畅想 3.0 版本的创业蓝图，与年轻时的梦想息息相关，更与年轻时的经历密切相联。

人世间一切美好的事物，从来都不可能唾手可得。从积贫积弱走到今天的繁荣昌盛，我们靠的是一代又一代人的艰苦奋斗。从美好梦想到落入实际，构建理想大厦，也要靠我们自己一步一个脚印走出来。

我们是万千中国人中的一分子，万千中国青年中的一分子，我们的天性里流淌着中国人追求梦想自强不息的血液。

为什么我大一就敢创业？是过往的经历奠定了人生伏笔，是吃过苦、受过伤、挑战常人不敢挑战的事情后，依然不屈不挠、奋勇前进的精神始终指引方向。

马丁·路德·金曾说："今天，我有一个梦想。我梦想有一天，幽谷上升，高山下降；坎坷曲折之路成坦途，圣光披露，满照人间。这就是我们的希望。我怀着这种信念回到南方。有了这个信念，我们将能从绝望之岭劈出一块希望之石。"

其实，梦想的伟大之处无关是否实现，而是在这个过程中，朝着它所指引的方向，为之努力奔跑，从而成长为更好的自己，并且能为家人、为社会、为国家贡献一己之力。

有梦想就去追，这不单单是一句励志鸡汤的简单口号。它是一个人想要成为自己理想模样的一次奋起追寻，是一种对人生负责的可贵态度，更是由无数人的努力奋斗最终汇聚起实现中国梦的磅礴力量。

02　求学：无学习，不青春

“人才有高下，知物由学。”人生一世，恍若白驹过隙。青春年少时光，正是贵如黄金。你的人生如何开启？学习就是最好的方式。

我们读万卷书，行万里路，将有字之书、无字之书内化于心，将家事、国事、天下事关怀于胸。学海无涯，唯有你航行其间，心无旁骛一心求学，才能留下青春无悔的印记，写下无愧时代的篇章。

年轻就是打破一切不可能

恰逢年轻时，何谓不可能？

诸如宿命论者，总会把一切归咎于出身、环境等外在原因，消极的处世态度与青年之朝气蓬勃实在不相符。正处年轻美好时候，世界正在热气腾腾地改变中，抱怨自己为何出生在这样的家庭，为何比不上别人，从来解决不了任何问题。

你现在可能才二三十岁，何必抱怨让自己限定在固有的圈子里？人生短短几十年，年轻的光阴更是极度珍贵，去尝试打破不可能，去做青年人应当做的事，便是青春最美的底色。

马克思 17 岁时面临升学与就业的选择问题。有人希望他做诗人、科学家，有人希望他做教士、牧师，有人希望他过上资本家的豪华生活。他却把职业选择提高到对社会的认识和对生活的考量上，说出这样一句话："如果我们选择了最能为人类福利而劳动的职业，那么，重担就不能把我们压倒，因为这是为大家而献身。"

年轻就是打破一切不可能。牛顿、达尔文、居里夫人，他们都是年纪轻轻就有了影响世界的重大突破。中国历史上也从不缺乏风华正茂的才俊。西汉贾谊年少成名，21 岁便被委以博士之职。唐人王勃 6 岁就能写文章，曾作《送杜少府之任蜀州》，留下"海内存知己，天涯若比邻"等千古名句。

既是青年，大胆敢拼就是青春宣言。鲁迅曾说："愿中国青年都摆脱冷气，只是向上走，不必听自暴自弃者流的话。能做事的做事，能发声的发声。"当下的时代是最好的时代，年轻就要敢于打破一切不可能，不要等，要去追。

从马克思主义哲学上来讲，我们要充分发挥自身的主观能动性，坚持勤奋好学、自立自强，最大程度将贫穷带来的不良影响和局限作用降到最低，乃至转变为助推个人发展的有利条件。

青年永远最富有朝气，是早上八九点钟的太阳。季羡林先生曾说："希望在你们身上。人类社会的进步，有如运动场上的接力赛。老年人跑第一棒，中年人跑第二棒，青年人跑第三棒。"接过社会接力棒时，当代青年更需承担重任，做有为青年。我相信，无论在哪个时代，不努力、不具备核心竞争力的人，终将会被淘汰。相较于出身背景，个人的思想及行动才是关键。在时代环境更好的现在，当下青年更应该跳脱外在环境的种种局限，通过真真切切的艰苦奋斗改变命运，实现人生梦想，做一些对国家和社会有意义的事情。

总有一日，时代的接力棒会交到你手。那时，年轻的你，敢于承担重任，打破一切不可能吗？

我开学第 7 天决定创业，手上没有分文资金。钱是怎么筹集的呢？川大男生宿舍楼下的电话亭里，6 分钱一分钟。从早晨站到深夜，我用 4 个多月的时间，打电话向 400 多人借钱，118 人同意借钱。最终筹集到资金 38 万多元，有人借 1 万元，也有人借 50 元。

这看似不可能的事情，终究不还是被攻克了吗？年轻的你，去尝试，去挑战，去超越，一切皆有可能。

既是青年，迎难而上就是青春勇气。在这过程中，有人更擅长妥协，但一腔热血坚持到底的人，也从来不少。

过往先辈，热血洒疆土，建立中华人民共和国，他们年轻的勇气在历史篇章中永远被记载。每一代青年都有自己的际遇。当年轻的我们成为时代的主力军，那些过往深入中华民族骨髓里的勇气，依旧由我们传承发扬。

世上无难事，只要肯登攀。打破不可能，这并非一句虚言。

今天，我们站在 2019 年，回望我们始于 40 多年前的改革开放。中国从一个落后的国家到成为世界第二大经济体，这个国家里一部分人先富了起来，这个国家先用大概 30 年的时间赶上了其他国家，然后用了大约 10 年时间开始超越那些它曾追赶的国家。

奇迹，永远存在。当中国远远甩掉了一穷二白的过往，青年迎来了当下更好的时机时，你能够创造的辉煌将不可估量。

迎难而上，才能创造可能。绝望之岭如何开出希望之花？柳暗花明的生路如何创造？天无绝人之路的破局点又在哪里？成功的路途从来不可能一帆风顺，打破不可能，才能见云开、见月明。

既是青年，不惧失败就是青春本色。创业之前，我身边从不缺少质疑声。有人说，万一失败了该怎么办？有人说，你别瞎折腾了！也有人说，你能干出什么事？

其实，人生的假设那么多，为什么一定要赌自己输？青春正好时，为什么要一潭死水无波无澜？有些事你不去尝试，怎么知道自己做不做得成？

年轻的我们，就是要冲在时代前沿，敢于打破一切不可能，而不是碌碌无为，终此一生。不过，年轻并不意味着莽撞向前。不惧失败的前提是，你要清楚自己的路该如何行进。决定创业时，我做了三点分析。首先，养殖业并不违法；其次，这个行业适合自己的经历；最后，我正当年轻，就算亏本也还能再挣钱。

路径规划明确，才能更好地朝着目标前行。有人说我胆大，分文没有，也敢举债创业。事实上，我从不是头脑发热，一时兴起。青年一辈也是如此。我们热血，但有条理。我们张扬，但也务实。我们年轻，但我们不浮躁。

朝着目标坚持前行，才能将不可能变为可能。坚持是走向成功的法宝之一，但问题的关键并不在于你坚持了多久，而在于你是否能继续坚持下去。我找 400 多人借钱，被拒绝的次数像滚雪球般不断增加。换位思考，当一次次失败朝你袭来时，你又该如何抉择？

身为青年，自当不负勇往。失败的次数越多，你与成功的距离可能就越近。

我们每个人，要有大胆敢拼的魄力，迎难而上的勇气，不惧失败的斗志，方可成就一番事业。我们每位青年，都应该勇挑重担，砥砺奋进，让中国特色社会主义充满活力与希望。

树立远大理想

能否实现一个梦想，全在于个人如何行动。梦想之难在于很多人从未付诸实践、付诸了错误的实践或是没有一直坚持下去。实现梦想，一般来说，三步足矣：准确明晰的梦想，高效正确的执行，坚持不懈的努力。这三者缺一不可，互为支持。

没有一个远大的理想，何谈青春？

什么是青春？青春无关年龄，更多的是一种人生状态。每个人的青春有长有短，度过的方式也多种多样。那么，什么样的青春才是最值得赞美和歌颂的呢？是树立远大理想、奋斗追梦的青春。

树立远大理想，并为之奋斗才是诠释青春的最佳方式。有一天，当你行将就木，回忆起青春时光，希望你的青春不是庸俗堕落的，而是由梦想、奋斗和很多有意义有价值的故事所拼接起来的一连串闪亮日子。生命不息，奋斗不止，为远大理想而奋斗是人生中最美好的一场修行。

四次高考后，大学四年的创业生涯成为我青春追梦之旅上的又一程。此时的我热切地渴望成为一个企业家，成功地说服了父母之后，满怀激情地走在了创业路上。

马克思曾说：“一步实际行动比一打纲领更重要。”试想，如果你只是空谈梦想，却自始至终都不愿意走出追求梦想的第一步，那你的梦想注定是虚妄的，不曾飞翔过的。

行动永远比语言更有力量。只要你勇敢地跨出了追求梦想的第一步，你就离梦想近了一点点。最后，即使梦想没有成真，你也在追梦的过程中学会了很多，这将是谁也夺不走的宝贵财富。

毋庸置疑的是，在实现伟大理想的过程中都有起有伏。我创业便是如此。当时，为了补贴养猪，我还尝试了教育培训、数码通信、家电等多种行业。年轻人自当不怕苦累，认定了自己要做的事情就要坚定向前。

其实，回顾第一次创业，我感性冲动的成分居多，对各方面的思考还很不到位。然而，初生牛犊不怕虎，可能正是这种天不怕地不怕的心态和气魄可以帮助我们勇敢推开创业这扇大门。

对于追梦的人来说，或许激情和梦想比理性更加重要，它们能够迅速点燃一个人最原始的渴求，推动我们勇敢地迈出这意义重大的第一步。只要你迈出了第一步，第二步、第三步就是水到渠成的事情。

在追梦的过程之中，坚持的力量必不可少。一天坚持做一件事不难，难的是十年如一日地坚持做同一件事。“锲而舍之，朽木不折；锲而不舍，金石可镂。”滴水石穿，绳锯木断，持之以恒能够带来巨大能量。

现在中国的所有企业家之中，我最崇拜褚时健。“老骥伏枥，志在千里。”他的传奇经历告诉我们，一个人即使到了 70 多岁也还可以去奋斗，还可以去二次创业。褚橙的高度不在于橙子本身，而是褚时健身上那种坚持不懈、保持奋斗拼搏的精神境界。

最初，褚时健也并不懂得如何种橙子，只得一切从头学起。通过日复一日地翻书学习、请教专家，他成了半个种橙专家。到后来，尽管人不在地里，但果树常识、遇到问题怎么解决，他知道得比农民还多还仔细。"我如果说不出个一二三，就指挥不动他们。哪一行都是一样，你要做管理工作，首先生产业务就要熟悉，不然话说出来都不对路。"①

树立远大理想并持之以恒地奋斗，你的梦想又怎么会远呢？这是一个适合做梦的时代，只要你敢想敢干、坚持不懈，注定不会为时代所辜负。

梦想有多大，舞台就有多大。直到现在，很多著名企业家对自己的身份定位也一直是"创业者"，一个永远敢于做梦、不断拼搏奋斗的创业者。

现在，中国需要更多敢想敢干、坚持不懈的追梦人。涓涓细流能汇聚成汪洋大海，正是无数的追梦人，才托举起伟大中国梦的未来。

从出生开始，读好人生大学

大学是什么？

《礼记·大学》开篇首言是："大学之道，在明明德，在亲民，在止于至善。"

如今的大学与古时"大学"虽不一样，但在培养正大品性、弘扬高尚德行的"君子之学"上道理一致。换句话说，新时代下，大学的

---

① 周桦：《褚时健传》，中信出版社 2016 年版。

意义同样是培养能承担时代使命、面向现代化、面向世界、面向未来的有为青年。

无学习，不青春。关键在于，你要迈稳步子，在学习中夯实根基，切勿半途而废、心浮气躁。无论学习还是创业，脚踏实地才是走向未来的前提。

身为青年的你，会选择如何度过自己的大学时光？历史中的中国青年给了我们答案。

1919 年 5 月 4 日，民族危难之际，五四运动爆发。这场以知识青年为先锋，人民群众广泛参与的爱国运动，充分展现了中国人民救亡图存、捍卫民族尊严的力量。尤其是当时的中国青年们，他们曾为中华民族保家卫国、捍卫主权聚集了磅礴之力。

在中华民族崛起的今天，我们不再因落后而挨打。当前，每个青年都有着大好的机遇，也更清楚只有不断学习，走在世界前列，才不会再挨打。

“国势之强由于人，人才之成出于学。”青年一辈代表着国家的未来，唯有好好学习，以知识的力量武装自己，才能为实现中华民族伟大复兴贡献一己之力。

我选择以创业彰显青春，以学习夯实奋斗基础。创业初期，我对相关专业知识几乎完全不懂，知识面狭窄到连一份合同如何制作都不清楚。不过，由于身处高校，我有机会接触到各专业的老师。每次我在创业上遇到难题，老师们都会耐心为我指导。

学习应该成为一项终身的事业。一个人，只有与时俱进、不断学习，才有更大可能成就一番事业。

大学是正确价值观形成后，孕育梦想、开创未来的起点。大学教书育人、拓展思维，让青年更清晰认识到时代和社会赋予自己的责任。

大学四年，我的创业经历跌宕起伏，宛如一本小说。每一次挑战都使得我的心态不断成熟，也因此得出十六字人生箴言：不忘初心，感恩前行，志存高远，脚踏实地。

作为新时代的中国青年，我们应当始终心怀感恩，感恩自己、感恩家庭、感恩社会、感恩祖国、感恩党。我们不仅要做一个社会人、一个公益人，更要成为一个有民族担当、有社会责任感的人。

“少年强则国强。”我们青年一辈只有勇敢地做时代前列的奋进者、开拓者、奉献者，才能担当起历史重任，不负时代使命。

世上大多数人，一辈子稀里糊涂就过去了。你的人生该如何走？应当在丰富学识、武装头脑、确立梦想中砥砺前行，应当在大学明确目标，并且一直为之努力坚持。

有人问，大学意味着什么？答案因人而异，但在大学，你能收获更丰富的资源、知识，结识更多志同道合的人。

当年，在创业艰难的情况下，大学 11 位同学纷纷向我施以援手。当猪瘟来袭、资金耗尽之时，11 位同学每天自发带我吃饭，轮流承包我近一年的伙食费用。我始终相信，当青春的力量汇聚，定能喷发磅礴的气势。

创业本是一场搏斗。在这场搏斗当中，如果没有朋友，创业者则形单影只，极有可能失败。如果有了朋友，则众志成城，胜算加大。

大学培养了一群眼界更加开阔的人。志同道合者，便可相互促进，更上一层楼。大学营造的整体环境从容自然，正如教育的长周期性一样，在润物细无声中培养出学子不急功近利的品性，让青年明确自己前进的方向。

对我而言，大学意义深远。从创业想法初现苗头到付诸实践，作为高校学生，我曾经历过年入百万的喜悦，也品尝过债台高筑的滋味。大学期间创业，我摸索出的经验教训以及老师们给出的建议方法，更为毕业后再创业奠定了扎实的基础。

对于广大青年而言，道理也相同。你们应当充分利用高校的环境、资源，开拓视野、丰富经验，以青年的朝气蓬勃，追逐自己的理想和价值，不负过往，更不负当下。

“乘风好去，长空万里，直下看山河。”在国家现代化和人类文明进步的大背景下，大学作为孕育梦想和创造未来的地方，对当代青年培养更开放的视野、更自由包容的心态有深远作用。身为青年一代，我们要乘新时代春风起舞，为中华民族伟大复兴、实现中国梦而不懈奋斗。

练就过硬本领

新时代青年如何练就过硬本领？

两个字：学习。我们既要读万卷书，也要行万里路，更要与时俱进、不断更新知识库，适应时代发展和社会进步的要求。

学海无涯，但唯有不断学习、练就过硬本领，我们才能在改革开放与社会主义现代化建设中展现青春风采。

学习是什么？是不得已而为之的沉重负担，还是背水一战的通关凭借，亦或是汲取知识的快乐源泉？

关于学习，我有一个由浅入深的认识过程。由于出身贫穷，好好学习似乎天然地就要和改变命运联系在一起。虽然懵懵懂懂，但在家庭和师长影响下，好好学习的想法自幼就在我脑海中根深蒂固。初中懂事以后，学习成为实现文学梦的一个必由之路。大学养猪期间，实践成为我学习之路上的老师，社会成为我学习的主要阵地。

在人生的每个阶段，你的学习动力、目标和方式都会有所差异。随着年龄的增长，你对学习这件事情也会随之产生更加深刻的理解。但是，不管学习的动力、目标和方式如何改变，人人都不应该轻易放弃学习。

“活到老，学到老，还有三分学不到。”在现代社会，为了赶上快速发展的时代步伐，增强个人的核心竞争力，每个人都应该有终身学习的意识。

对于个人，学习是一件需要融入日常的事情，如同吃饭喝水一样自然而然。学习不是一蹴而就的，不是一件间歇性偶尔为之的特定事情，而是一个持续不断的稳定状态。只要处于一个清醒的状态之中，我们就应该尽可能通过外界反馈提供的各种信息不断学习。

对于国家而言，学习力是其软实力的重要体现。一个善于学习的国家，它总是能够紧跟时代浪潮，不断创造出新的物质财富和精神财富。

学习是一件需要贯彻终身的事情，素质提升也是一项长久的征程。当前，我们的知识、素质等与新时代的要求还有差距。

知道了学习的深刻含义，还应该懂得如何学习。“纸上得来终觉浅，绝知此事要躬行。”读书如果不与实际结合，纵使学遍再多知识也是枉然。

那么，到底如何学习？是先学习书本知识然后再付诸实践，还是边学边做，亦或是直接从实践当中学习？

这三种方式各有侧重，适合不同的学习场景，不能单纯说谁好谁坏。在读书期间，我们通常采用第一种学习方式。然而，进入社会以后，第二、第三种方式才是个人求取真知的最佳途径。

实践出真知。通常，在实践中出现的种种问题会倒逼着我们学习总结，再用理论来指导实践，最终解决问题。这个过程相当痛苦，但也能让人学到很多真材实料的东西。

养猪期间，通过边做边学，遇到不懂的问题买养殖书、请教学校老师或者干脆上网搜索，我学会了起草合同、给猪打防疫针等养猪所需的专业技能。正是通过亲身实践，我在短时间内从养猪的门外汉成长为半个专家。

学习有千百种不同的方式，并非只有拿着一本书端正地坐着看才可称得上学习。除狭义的实践外，与他人交往、旅行等都是很好的学习途径。

“三人行，必有我师焉。”只要你用心感受，身边的每一个人都有值得学习借鉴之处。也就是说，他们在某些特定方面有资格当你的老师。或许，在某个不经意的瞬间，身边的朋友就会一下子点醒你，激发你某方面的灵感，或是帮助你开启一个全新的思考命题。

旅行也是一种特殊的学习和修行。“仰观宇宙之大，俯察品类之盛，所以游目骋怀，足以极视听之娱，信可乐也。”在旅行途中，自然之美和人文之美会让人获得极致的视觉享受和心灵慰藉。这是一个润物细无声的内化过程，它能不断丰富一个人的知识，不断拓展一个人的视野和胸怀。

当然，这并不是说读书学习就不重要。无论时间多么紧张，你都应该利用零碎时间读书看报，或者通过新媒体了解最新资讯。最近，由于在筹备中国多彩文明发展基金会，我也与朋友一起制定了一个有针对性的读书计划。

在未来，作为中华文明乃至亚洲文明的传播使者、传承者和守护人，我们必须懂得中国、亚洲乃至世界的历史和文明，这样才能持续为中国和亚洲发声，并为中华及亚洲文明走向世界贡献出自己的一份绵薄之力。

在党的十九大报告中，学习型社会、学习型政党、学习型大国建设已经上升为党和国家层面的重要任务。未来，在加快构建学习型社会的过程中，作为当代青年，我们必须练就过硬本领、增强学习能力，勇于实践、不断创新，为增强个人和国家的核心竞争力不断努力。

不断学习、练就过硬本领，这是青年成长成才的必由之路。今天，时代要求我们当代青年跳脱出自己的思维局限，站在更高视角观察问题。唯有增强紧迫感，与时俱进学习新知识，我们才能在社会主义现代化建设的浪潮中贡献一份青春力量。

03　创业：没有绝望的处境，只有绝望的心境

丘吉尔在牛津大学演讲时，提到成功的三个秘诀：第一是决不放弃；第二是决不、决不放弃；第三是决不、决不、决不放弃！

谁都不可能一帆风顺，无波无澜过一生。求学会遇到难题，工作会遭遇打击，创业会横生变故。绝望的处境从不会对你绕道而行，只有你永不绝望、永不放弃，才有从头再来的可能。

你要相信，“相信”的力量

看见了结果才相信，还是相信了才看见结果，这是两种明显不同的角度。就创业而论，一旦一件事情被证实，它就已经不是初级阶段了，你根本无法分享相信未来的那段市场红利，换句话说，你只是个看山是山看水是水的跟风者。

因为相信而看见，看山看水将是另外一场山水资源、财富盛宴。

十多年前，中国有一家只有几百个网点的中小银行。短时间内，它想要开设众多网点，与国有四大银行竞争是不可能的。它的领导者坚信互联网银行可以改变传统银行业，他们相信零售银行会成为银行业的未来。当时，他们发动一切资源，打通了全国仅有的 9 家分行，

借助新的技术发明了一卡通，取代了传统存折。这家银行的名字叫招商银行，它的行长是马蔚华。

马蔚华相信中国的信用卡时代会到来。而当时全世界最领先的咨询机构都认为，在中国发展信用卡不会有市场，中国人不会有提前消费的时代。

马蔚华却坚信，中国的信用卡非常有市场。所以，他带领招商银行提前布局。他坚信，中国的年轻人一定会迅速成长。所以，他提前布局信用卡市场，瞄准年轻人。最终，招商银行发布了中国真正意义上的第一张中外双币信用卡。今天你可以看到，招商银行的信用卡几乎在全世界都是领先的。

从一卡通到信用卡，再到财富管理，招商银行可谓一枝独秀。它成为银行业的旗帜并非与其他银行面临不一样的机遇或者是具备更好的基础，最大的原因是马蔚华和他的团队相信中国财富市场的未来，所以提前精准布局，总是快其他银行一步。

这是因为相信，因为相信的力量。

有位弟子问佛祖，极乐世界在哪里？我看不见，如何相信？

佛祖带弟子去了一间屋子，然后说："屋子里有一个木鱼，你找出来。"屋子里很黑，伸手不见五指，弟子说："我看不见。"

佛祖点燃蜡烛，木鱼就在屋子的中间。

你看不见，难道它就不存在吗？

人在面对未知的事物，要么因为看见而相信，要么因为相信而看见。普通人相信眼见为实，因为看见所以相信，创业者则是因为相信所以看见。

一个创新的企业，新的商业模式，有人首先会怀疑它，因为新的模式总是在打破旧的利益格局，打破僵化的思维。一个新世界的到来，总是有这样那样的问题，有人因为一点点问题就全盘否定这个新世界。

可怕的是，一叶障目，不见泰山。

对于创业者而言，最重要的不是你的产品、所处的行业、外部环境，而是你是否真的相信，你能够给别人带来价值，你能否成功。

在实现中国梦的今天，如果你是因为看见才相信，那么你将会步履维艰。如果你是因为相信而看见，那么，你会相信中国梦，并将自己的梦与中国梦相连。如此，你的中国梦一定会实现。

这是最好的时代，互联网技术推动我们的生活日新月异。今天，个人实现梦想的速度前所未有。

中国梦是中华民族的强国梦，是大众的创业梦，是每个中国人的梦。只要心存梦想，每个人都有机会实现自己的中国梦。

最重要的是，你要相信你的梦想可以实现！

选择比努力更重要

决定一个人命运的是相信的力量，是敢于做出突破。如果很多人没有在 1992 年去南方，或者是这之后相当长的时间里，很多人都没有选择参与到改革开放的经济浪潮中来，那么他们肯定错过了那一波的财富红利。

早起的鸟儿有虫吃，当你还在犹豫徘徊的时候，有人已经出发。他们选择了历史的大趋势，选择了历史给他们的机会。

中国过去 40 年的核心使命是什么？是以经济建设为中心。如果很多人当年选的是搞艺术，而不是“下海”，他们今天的生活会很不一样。

大众创业，万众创新。这几年，中国创业趋势热烈，很多人都在想如何创业。有些人失败了，有些人成功了。为什么？因为他们做出了不同选择。

创业不是头脑发热之举，前提是弄清楚自己为什么而创业。创业或许带有激情和冲动，但最重要的是，你要知道这不是赶潮流的事情。只有在思想认知层面理清思路，才能确立为目标奋斗的阶段性计划。

某种程度上，人有一种能力，当他执着于一件事情，就能将心中所想变为现实。只要执念足够深，行动力足够强，那么梦想变为现实的希望就越大。

高中时期，除文学梦外，企业家的梦想也在我脑海里根深蒂固。在我看来，我的创业动因包含三个成分，分别是创造财富、实现人生价值、做出社会贡献。在创业的不同阶段，三个动因的占比有所不同。那么，创业究竟为了什么？答案很简单，其实就是为了实现人生价值、人生理想。人生选择数不胜数，弄清楚自己这辈子到底想要成为什么样的人，这是一件非常困难的事。

曾经有记者问过我，是否觉得自己是天生的创业者？我摇头否认。创业哪有天生一说，只能说我始终选择相信，相信自己，相信这个国家。

创业路途艰难。有人用“真爱就是撞上鬼”来形容创业道路，莫名契合。正如此人提及的那样，一个公司从 A 轮到上市概率大概是十七万分之一。这样低概率事件，就如同遇到真爱。

可能性一直存在，努力试试，或许机会就是自己的。我天生比较乐观，就算举债创业，我也鼓励自己：假如我成功了，那我就是最年轻的企业家。

但无论如何，对于创业，你一定要有比较清晰的认识。对于出身在贫困家庭的我而言，从开始那天，创业就不只是为了改变现状。我的创业带有阶段性特征。大学期间是我创业的第一个阶段，当时面临的首要问题就是生存。在当时，改变家庭现状，让父母过上幸福生活，同时实现人生价值和企业家的梦想，这就是我的原动力。

大学毕业之后，我负数起步，面临的首要问题也是生存。在追求人生价值、人生理想的同时，必须要去改变现状。如果连生存问题都不能解决，又何谈创业呢？古人说，穷则独善其身，达则兼济天下。当公司发展进入一个阶段，拥有一定的实力时，践行社会担当就成了水到渠成的事情。

我将实现人生价值划分为两个层面。其一，带领员工将公司做大做强，承担更多的社会责任。其二，一己之力不够强大，号召感染更多的青年一起实现民族担当，一起为伟大祖国奉献力量。一个人的生命是有限的，精力与力量同样非常有限，倘若能带动更多热血青年，团结一切可以团结的力量，所产生的能量将不可估量。

前面提及创业为了什么。如果你觉得创业仅仅是赚钱，那么你一定走不远。

创业是人生价值实现的路径之一，它始终与爱党爱国、为社会做出贡献、承担社会责任紧密联系。祖国与时代赋予了我们机遇，一腔热血报国自然理所应当。

今天，新时代中国青年处在中华民族发展的最好时期，既面临建功立业的人生际遇，也面临“天将降大任于斯人”的时代使命。新时代，中国青年要继续发扬五四精神，以实现中华民族伟大复兴为己任，不辜负党的期望、人民期待、民族重托，不辜负这个伟大时代。

领先者生存

时刻勇立潮头，才能有效前进，一旦被打在沙滩上，就没你的戏了。

一件事情，开始做的时机至关重要。否则，即使再值得做，如果外部条件不成熟，也应及时选择放弃。贸然为之，只会承担更高的成本、冒更大的风险。同样地，一个企业，无论推出新产品、运用新技术、拓展新市场还是沟通新顾客，既要走在对手前面，又不能太快，最理想的状态就是永远比对手快半步。

为什么是领先半步？其中蕴藏了风险把控的道理。半步之间，既能够让人抓住发展的机会，也给人留出了挽回的空间。任何的创新，都会承担风险，既然无法将风险降低为零，就要学会合理控制。

“我们顺潮流而动，略有超前。你不超前，你就没有机会；但快一步太快了，有可能踩虚脚。所以要快半步，这就能进能退。进，走在前；退，不湿脚。”凭借快半步的思想，新希望集团刘永好从卖鹌鹑开始，逐渐成为全国农牧产业的领军者。

过去 40 年，中国很多企业都经历过创业阶段。经过多年的奋斗，各个领域出现了一些领先者。它们依靠领先的技术、理念、产品、人才、管理或者营销，走在了竞争对手前面。如今，在改革开放的第 41 个年头，中国企业已经进入了新的发展阶段。那些在过去占据行业领先地位的企业，需要思考一个新的问题——如何保持领先？如何活得更久？

在互联网产品界，有一个非常流行的词，叫作“快速迭代”，意指对产品的不断更新升级和优化。对于互联网产品来说，其生命历程就是不断更新迭代的过程，从 1.0 版本到 N.0 版本，产品不死，更新不停。

同样，只有具备迭代更新思维的企业家，才有可能带领企业保持领先，在每一波潮流来时，抓住机会。

创业项目选择多种多样，无论传统还是新兴行业，关键在于以动态发展的眼光考量是否适合自己。我的创业经历可划分为三个时期：养殖时期，数码时期，传媒时期。每一阶段的选择都有一个特点，紧贴时代发展，领先别人半步。

2007 年，信息还不如今天这样发达。我从父母的口中获知了多人在广州依靠养猪发家致富的消息。由于来自传统的农民家庭，养猪对我而言并不遥远，加之一旦创业有父母在广州协助等各种原因，可行性分析结果显示，值得一试。

2011 年，养猪面临困境，我开始转向数码电子产品。一年后，智能手机元年到来，数码创业时代也随之开启。2016 年，我带领企业转做传媒，开启尝试创业新时代。

从大学开始，我涉猎十几种行业，诸如电子、通信、培训、养殖、健康、文化、传媒等。正是在不同的行业不断尝试，动态灵活地关注各个领域，我看到了传媒发展的前景，才有现在的企业规模。

所有的谋篇布局，并不是不切实际毫无依据，而是看准时机、比别人更果断勇敢地选择。

创业之初，我的团队虽然身居传统行业，但始终在引领创新。不同时期，我对互联网之类的新兴行业与传统行业相结合也有不同结论。数码时期，曾有朋友建议我将产业与互联网连接，但我并未采纳。传媒时期，随着策略的变化，我又主动拥抱互联网等新兴行业。在自身与大环境的动态发展中，我的观念发生着变化，“适合”这个概念也随之改变。

创业项目选择是一个复杂的命题，它有天时地利人和一说。我在传统行业涉猎居多，因为传统行业非常适合我。青年创业者们选定项目也应该如此考虑，把握“适合”二字，而不是一味盲目追逐热门行业。

每个行业每个阶段都有它的希望，“适合的才是最好的”贯穿于概念里，针对的主体是你自己。我始终认为，在这世上，关键点其实就是人。

斯蒂芬·茨威格在《人类群星闪耀时》中写道：“一个人命中最大的幸运，莫过于在他的人生中途，即在他年富力强的时候发现了自己生活的使命。”我认为，这种使命的概念，其实就是找到自己愿意为之奋斗的梦想，找到适合的途径、适合的方向让梦想落入实际，并且为之努力。

快人半步，快速迭代，其实也是在找寻适合自己行业的基础上才能更好地做到。优秀领导者的共同特质正是如此。如果等潮流来了再行动，那只会被人超越。只有提前布局，才能实现自我拯救。

甘地说过一句话："一开始他们忽视你，然后嘲笑你，然后与你作斗争，最后你胜利了。"商业社会也是如此，先行者需要承受历练，才有可能成为下一轮的领先者。

管理学教授陈春花认为，保持领先的企业，应当具备五大能力：第一是能够更扎实地做事情；第二是有强大的危机意识；第三是即便失败也要失败得有价值；第四是学习与竞争；第五是全员创新。

在企业追求领先的过程中，领导者的胸怀、梦想、抱负非常重要，是决定成败的关键因素。一个变革的企业，需要领导者，因为变革的过程模糊不清，过程具有挑战性。这时候，领导者要发挥很大的作用，才能带领大家完成目标。

脚踏实地，坚定向前

"人"字，一撇一捺，左右互为支撑。上部合并，顶起天空，下部分叉，双足立地。这表明，一方面，人要永远向上、仰望星空。另一方面，人也要脚踏实地、稳步前行。

脚踏实地是仰望星空的前提和归属。一个心浮气躁、整天沉浸在幻想里的人，纵使内心有再多想法也从不付诸实践，或者总是想走捷径，这样的人，他必将会一事无成。在某种程度上，脚踏实地甚至比仰望星空更重要。仰望星空久了，你最终要回归现实，从身边一点一滴的小事做起，一步步通过自己的双手创造出内心所构想的一切。

聚沙成塔，集腋成裘，细微造就伟大。古往今来，凡欲成一番大事者，必定先从细微小事一点点做起。

在日常生活中，一个人做下的所有事情，无论大小好坏，都是受到内心深处的意念驱使，与他的精神品质、理想抱负息息相关。一个理想高远的人，他所做的每一件事情，哪怕是再小再平凡的事情，也能映射出他卓尔不群的理想。

一个脚踏实地的追梦者，他不会心浮气躁，每天沉浸在天马行空不切实际的虚妄幻想中。他不会急功近利，巴望着梦想一夜之间成真。他会真正沉下心来，从最平凡的点滴小事做起，把各种小事做好甚至做到极致。

点点滴滴，造就非凡。一个细微的习惯，一分微小的盈利，一个简单的选择，这些点点滴滴的平凡小事累积叠加起来的结果决定你最终将走向何处。越是微小的细节，越是值得认真谨慎对待。

“一室之不治，何家国天下之为。”一个连自己身边事情都处理不好的人，又何谈其他？“修身齐家治国平天下。”除了做好小事，脚踏实地还要求一个人先从自己身边事做起，然后再到家庭、社会、国家、世界等更大平台上做事情。

脚踏实地还意味着，你不要盲目制定严重超出自己能力范围的计划，不要做严重超出自己能力范围的事情。有多大能力，就做多大的事情。否则，不仅愿望不能达成，反而得不偿失。

大学创业期间，我租下的养猪场需要修建 80 个猪栏。为了节约修建的费用，我和 70 多岁的爷爷还有父亲母亲，一行 4 人推着一个斗车，到 5 公里之外的一个工业园旁边的垃圾场捡工厂丢弃的废砖。

就这样，我们 4 人一连干了一周，捡了七八千块砖。后来，我们又用刀具将废砖上的水泥一块块砍掉，以极低成本价修建了 80 个猪栏。

在创业之初，对于每一分钱，我都想尽办法掰成好几半用。没有这种能省则省、事事亲力亲为的创业精神，我压根不可能走到今天。但是，创业也并非什么钱也舍不得花，什么事情都逞强自己做。你要做的是把钱都用在刀刃上，对于自己不能做的事情，就得请教专业人士。

对个人来说，脚踏实地是日复一日的努力修行，是一点一滴的善言善行，是一步一个脚印的稳健前行。坚持脚踏实地，一个人才不会在半途中踩空跌倒，才能在追梦的道路上越走越远。

对于国家来说，脚踏实地是崛起之路的漫漫征程，是一心求发展、埋头干大事的坚毅抉择。

今天，通过几十年的发展建设，中国早已不再是那个封闭落后的国家。现在，作为新时代的青年，我们也应该从身边小事一点一滴做起，多做好事、多做实事、脚踏实地多做对国家和社会有意义的事情。

勇于砥砺奋斗

伟人总是在重重磨砺中百炼成钢，任何时代都是如此。凤凰涅槃才能浴火重生，同样地，只有在浴火中依旧傲然挺立的，才是凤凰。

“不经一番寒彻骨，怎得梅花扑鼻香。”要见到更美的风景，就要勇于砥砺奋斗，为之付出相应的努力。

人生路途遥远漫长，挫折打击永不消失。一个人的命运就掌握在自己手上。你要深信，是太阳总会升起，哪怕暂时还在地平线下。

如何区分强者和弱者？很简单。同样的环境，同样的情绪，你能不能用最快的速度去调节？

一个人调节情绪的速度约等于他成功的速度。你调节得越快，成功的可能就越大。即使面对生命中的第 100 次失败，强者依旧可以很勇敢地说：只要我站起来的次数比倒下来的次数哪怕多一次，我就有成功的希望。

有人说创业者属猫，命有九条。多年来，我遭遇过很多次无路可退的绝望处境，无数次濒于崩溃的边缘。创业失败、合作伙伴的背叛、朋友乃至亲人的不理解、旁人的嘲讽……面对这一切，我也曾一时消极抱怨，甚至一度想过放弃。无数次午夜梦回，我也备感孤单，觉得自己的梦想和价值观不被人所认可。当被现实伤害得遍体鳞伤的时候，我也会委屈流泪，甚至一度想过自杀。

但逃避永远不能解决问题。世上没有绝望的处境，只有绝望的心境。哀莫大于心死，只要年轻的心不死，成功就不会遥远。

在青年时代，挫折和痛苦更能塑造一个人艰苦奋斗、自强不息的品质。青年时多经历一些摔打、考验，更能练就宠辱不惊的心态，百折不挠的意志以及积极进取的精神。

学会把负面情绪转变为正能量，把挫折打击当作人生考验。这种在逆境中触底反弹的超强能力，会让你朋友甚至对手都佩服，更能让你把一副烂牌打好。

任正非曾说：“烧不死的鸟儿才是凤凰，从泥坑中爬起来的才是圣人。”2008 年底，改革开放后全国最大的一场猪瘟来袭，我的养殖场也未能幸免。一夜之间，200 多头猪全部倒地，经济上的损失直接击垮了我本不富裕的家庭。父母无法接受现实，选择跳水库自杀，幸而最后被人救起来。

一无所有之际，人的心志反而在快速崩塌间重建。四次高考，我带给父母巨大压力。如今创业，我也一败涂地，让父母差点没命。但我依旧相信，我命由我不由天，坚持到底才知道谁能笑到最后。

我宽慰父母，有朝一日，我肯定会成功。终于，我们熬过瘟疫，增养猪仔。一切看似柳暗花明之际，百年难遇的金融危机又打得人措手不及。猪价一路狂跌，从十多元到四五元，所有的希望被一场泡沫席卷殆尽。

人生至此，看似真的熬不过去了，但绝处逢生，机遇又在此刻出现，带领我走出绝望。偶然间，我发现广州的土猪市场广阔。我一直在说，一定要相信所有不顺都只是暂时。你的内心深处要有一个更强大的声音告诉自己：一秒、一分钟、一两天可以这样消沉，但是，你不能永远都这样。

创业起伏，一路走来从不顺遂。在一切开始好转之际，我又遭遇资金链断裂的危机。那年，我获得“中国大学生自强之星标兵”的荣誉，坐火车去北京领取的 1 万元奖金，也全部投入养猪场。父母为了缓解经济压力，还去找了一份通宵炼铜炼铝的烧锅炉工作。

祸不单行，母亲被一辆摩托车撞得两条腿粉碎性骨折。在医院住了两个多月后，她回家休养了一年。

资金链断裂，2000 多头猪没有饲料；母亲车祸，重伤在床。我陷入了一个死循环：不断卖猪，不断借钱还钱。为了堵养猪的资金缺口，我卖手机、做培训、开小家电超市，想尽了一切办法。

“所有不能打败你的，终将使你强大。”自始至终，我决不向命运低头。毕竟人生闯关路上，熬过一关就等于往前一步。

四年大学起伏生涯，所有的坏事接踵而至。后来，一切好转时，我被小家电超市合伙人欺骗，身无分文。那时，刚上大三才 21 岁的我，几乎穷到连水都喝不上，但我依旧有重头再来的决心。

对我而言，第一次创业是实现梦想、锤炼心智、领悟人生真谛、提高人生格局的重要阶段。

大学毕业之后，我之所以能够迅速东山再起，都是源于大学的积累沉淀。第一次创业是人生的筹备和缓冲期，在这个过渡带里，无论是心理素质、面对逆境和荣誉的态度，还是对创业的解读总结，我都更加成熟，这也为后面创业打下了牢固的基础。

每个人的成长进步并非直线上升，而是一个螺旋上升式的过程。在这个过程中，逆境就是你成长的拐点和决定性瞬间。在外界的逼迫下，你不断突破个人极限，寻找到走出死亡谷地的方法。与此同时，你的勇气和智慧得到提升，心理素质和工作能力得以锻炼。

稻盛和夫曾说：“遭遇失败和苦难的时候，不是牢骚满腹，不是怨天尤人，而是忍受考验，坚持努力，将逆境转化为顺境。而在成功和幸运的时候，不骄不躁，抱着真诚的感谢之心，坚持努力，使成功得以长期持续。”

无论在哪个时代，尽管时代精神的内涵各异，但时代的主旋律永远都是弘扬正能量。面对人生，我们当怀有希望；面对挫折，我们当迎难而上。就算跌倒，也要爬起来继续战斗，用万丈豪情谱写一曲青春之歌。在改革开放再出发这个伟大的时代，我们更要有百折不挠的精神力量，和无数中国人一起建设我们的伟大祖国，实现民族的伟大复兴。

志存高远，勇于行动

一双“烂脚”走天下，在任正非心里，这是自己也是华为一路走来的最真实写照。

2015 年，在华为发布的主题广告上，一位芭蕾舞者的双脚特写直击人心。照片上，芭蕾舞者的一双脚穿着舞鞋，优雅美丽。而另一双脚则赤裸在外，布满伤痕。

“伟大的背后都是苦难。”几十年来，凭借着不断超越的信念和高效强悍的战斗力与执行力，华为在专业领域内创造了多个第一，逐渐成长为备受尊敬和信赖的全球化企业。

而这些，全都起源于任正非多年前一个看似寻常的经历。20 世纪

80 年代中期，一个朋友托他卖一种程控交换机设备，任正非从中看到了巨大的商机。

彼时，中国还不能自主生产程控交换机，西方则限制对中国出口此项技术。于是，很多生意人选择从港台弄来交换机，然后再贴牌出售。与此同时，国内很多厂家都想占得市场先机，试图攻破交换机的技术难题。

在提出的研发申请多次未被通过之后，任正非果断提出了辞职。1987 年，过了不惑之年的他从体制内走出，后来在深圳正式创办了华为。

有一句话说得好，志存高远，勇于行动，你才能在同一片景色中看到不一样的风光。

中国始终有一批时代弄潮儿，他们勇于做第一个吃螃蟹的人。他们认为，互联网是颠覆性的创新，是一个能帮助企业在新一轮大洗牌中杀出突围的工具。于是，企业中，招商银行率先推出电子商务，苏宁商城开创网上云商，罗辑思维靠微信公众平台每年图书销售收入超过 1 亿元。个体经营者中，搭乘移动互联网这班列车，千万富翁不断涌现出来。

时代潮流浩浩荡荡，人人都可能有梦想。脚踏实地往前行进的路上，起引领作用的是精神的力量。

创业路上，也是如此。人类进入 21 世纪，云计算、大数据、物联网等信息技术爆发，人工智能发展飞速，创新和全球化给世界带来了前所未有的改变，企业生存发展也将面临与以往不同的挑战。同样地，我们除了打造创新型人才和团队之外，更需要进一步加紧团队的精神力量等内在层面的培养。

“志之所趋，无远弗届，穷山距海，不能限也。志之所向，无坚不入，锐兵精甲，不能御也。”精神的力量，能让人打破条条框框，冲破固有枷锁，在不断的挑战中让自己变得更加强大。

成功的因素总是多元的，任何简单的归结都不够科学。但无论如何发展，深埋在企业内部的精神文化一定是不容忽视的。甚至放在人类生存发展来看，精神的作用也不容小觑。华为总裁任正非曾说：“以色列这个国家是我们学习的榜样。一个离散了两个世纪的犹太民族，在重返家园后，他们在资源严重贫乏，严重缺水的荒漠上，创造了令人难以相信的奇迹。他们的资源就是有聪明的脑袋，他们是靠精神和文化的力量，创造了世界奇迹。”

我常说起当年一场瘟疫基本浇灭了我所有希望，使我走投无路，陷入绝望的境地。后来，父母被高额的债务逼到跳水自杀，我万念俱灰甚至也想要一死了之。但当挫折打击如雪崩般袭来时，始终有一句话在背后支撑着我——你真的就被打败了吗？

当你身处困境，深觉孤立无援之际，希望你也能在内心反复问自己几句，你是否真的就被打败了？

志存高远，对于青年人来说，就是要有为崇高理想信念以及坚持不懈的奋斗精神。回首百年漫漫征途，在崇高理想信念的指引下，一代又一代青年积极投身党领导的革命、建设、改革事业，在站起来、富起来、强起来的时代主旋律中英勇战斗、拼搏奉献、砥砺奋进，用热血和汗水谱写了一曲曲壮丽动人的青春之歌。

当代青年，在机遇无限好的当下，要为理想奋勇前行，激扬青春的本色。纵然遭遇挫折打击，你也应当清楚所有的事情都在不断变化，一次失败不是定局。

褚时健在人生刚有起色时，被打成右派下放农场。在成为一代烟王到达人生巅峰之际，他被检举贪污关进洛阳监狱。从谷底到巅峰，他 70 余岁承包哀牢山一片地种橙，10 年努力终成一代橙王。起起落落又再起，这是信念的力量。

青年的志存高远，更是人生观、价值观、世界观的反映。“志于事业，则富贵不足道；志于富贵，则其人不足道。”是青年，就要选择青年的担当，在追求人生理想的同时，不忘祖国和人民的利益，不忘承担社会责任。

理想崇高伟大，但不能忽视与你一同前行，帮助你、协助你的人。无论是与公司团队还是与合作伙伴，感恩都是创业过程中至关重要的因素。个人英雄主义时代早已过去，单个人的力量再强大也不如团队协作的力量。

100 年前，无数怀有救国图存理想的青年走在一起，他们以团体的力量唤起民族觉醒，捍卫祖国利益。现在，当创业成为一场征程，一起为星辰大海打拼的战友就是最宝贵的财富。

试想如果没有父母辞职支持我创业，没有 118 个人愿意借钱，没有母校老师同学的帮助，创业这条路还能不能走下去，连我自己都不知道。

志存高远，更当心怀感恩。我倡导员工感恩，鼓励他们感恩母校，尽量回校设立奖学金。不在乎奖金多少，当他们去做这件事情时，一股巨大的正能量就会形成。聚少成多，由公司延伸到社会，我们所做的事情或许将感染到更多人。

一个人，只有当他的理想同国家前途、民族命运相结合才有价值，只有当他的追求同社会需要、人民利益相一致才有意义。

我们都是历史长河中渺小的一分子，都应当感恩这个时代为我们创造的一切。感恩我们的国家、民族和共产党，没有他们创造这个伟大的时代，没有他们为我们提供这样的政策和氛围，我们不会有今天的生活。我们每个人都应该志存高远，为实现中华民族伟大复兴，付出满腔青春热血。

创业时代，欢迎你勇敢上路

过去几年，因为微信的崛起，传统电商和微信结合，开出了一个叫微商的花朵。它成长之快，让人咋舌。谁没有在朋友圈见过微商的影子？如果时间倒回去几年，谁又能预料到这个新事物会出现？

高铁、扫码支付、共享单车和网购并列为中国“新四大发明”，它们具备两个明显特征：一是都在极短时间内密集出现，远没有旧四大发明时间跨度那么长。二是都集中在互联网络，彼此都有密切关系，甚至互相依存和推动。即便是高铁，如果没有互联网技术、移动支付的支持，它一定不会有现在这样的方便快捷。

众所周知，互联网时代是一个信息爆炸的时代。当机会像潮水般涌来，风口一个接一个之际，你又该如何抉择？

我的答案是，创业时代，欢迎你勇敢上路。

其实，创业就是一场痛苦的修行。看似光鲜亮丽，实则痛苦不堪，而且光芒越盛，心酸与苦楚就越多。可能很多人只看到了创业成功时的万丈光芒，却忽视了创业者背后付出的艰辛。

为什么在美丽安逸的大学校园，我甘于选择苦难？两个字：梦想。既然迟早都要走上创业这条路，那还不妨早点出发。

到高校演讲时，经常有大学生问我，到底该不该创业呢？我的回答是：想好了就大胆地去做。别顾虑过去，也别焦虑未来。

人生最大的乐趣就在于，过去的路不能回头重走，未来的路还不知该怎么走。大胆上路，勇敢去拼才是当下应该去做的事。

这是一个相当适合创新创业的伟大时代，也是一个付出就有回报、青年人大有可为的美好时代。

当前，我国正处于实现中华民族伟大复兴和改革开放再出发的关键时期，“大众创业，万众创新”的时代风气蓬勃兴起，创业正成为备受广大青年青睐的一种新鲜就业模式。

现在，国家、社会包括高校共同营造的创业氛围非常浓厚。你想休学创业，可以;你想在校创业，大学校园内就设有创新创业服务中心。你想毕业创业，各地都设有创业孵化园。此外，随着整个社会的思想越来越开放、活跃，社会大众对创业的认识日益深刻，对创业失败的宽容度也更高。

我非常羡慕现在的青年，当年我创业时，创业配套远没有现在这般完善。当时一穷二白的我都敢于创业，你又有何畏惧!

现在是创业最好的时代，各项社会配套资源日益成熟，各类创投机构纷纷设立，投融资体系日益完善，有实力的创业者资金压力比以往更小。

随着信息、交通、物流网络的发展，信息变得更加高效通畅，创业的效率大大提升。当年的我要到网吧去查养猪信息。现在的青年，只要拿着手机动动手指头，所需信息就尽在掌握之中了。

无限机遇的背后，往往是无限的挑战。

首先，当今行业之间的竞争日趋白热化，一个创业者如果没有特别优秀的产品和项目，可能很快就会被社会淘汰。

其次，企业的经营成本越来越高，房租、用工等的成本不断攀升，相当考验一个初创企业。

再次，可能有部分创业者只是凭着一腔热血单枪匹马往前冲，缺乏成熟的心智。

其实，当年我也是这样。由于从小家境的贫寒和四次高考的磨练，我比一般同龄人更能独立处事。经历塑造性格，在面对挫折打击时，人的反弹能力会更强。

尽管有诸多顾虑，但只要有人问我该不该创业，我还是会毫不犹豫地说，勇敢去做。

失败并不可怕，可怕的是害怕失败而迟迟不敢迈出第一步。淡看结果，重看过程，甚至要有一种拥抱失败的心态。即使失败了又怎样？只要人还活着，就可以站起来，再继续战斗。

作为一个过来人，我想给青年创业者们一些建议。

首先，要树立法律法规意识，不要凭一腔热血去做不该做的事，不要触碰法律底线。人生匆匆几十载，值得奋斗的事情还有很多。不要因为一时冲动让自己身陷囹圄，要擦亮双眼，看清楚正确的方向。同时，不要期望过高。第一次创业，不要好高骛远，你更多的目标是先求生存。不要动不动就把上市、独角兽和情怀挂在嘴边，活下去才是第一要义。

其次，保持理性，量力而行。你要理性客观地评估自身的承受能力，把创业成本控制在家庭和个人未来10年可以承受的范围之内。不要超越这个极限。一旦超越了，可能就要赔上自己10年甚至一辈子的时间。人生有多少个10年呢？如果一场创业把你乃至整个家庭都拖入不能自拔的境地，那还不如趁早打住。

最后，咬牙坚持，奋斗到底。创业就是走钢索，也许危机四伏，险象环生。创业者要在逆境中逆流而上，保持继续奋斗的勇气、决心和魄力。

初创之时，我一无所有，只剩下梦想和激情。但是，假设当初不咬牙坚持，一遇见困难就退缩，又怎么可能会有现在的我？

唐玄奘到西天取回真经历经九九八十一难，青年们要想收获创业的真经，领悟到创业的真谛，就要有脚踏实地、自强不息、愈挫愈勇的精神。

时代呼唤青年奋勇前行，干事创业。实现中华民族伟大复兴的梦想，也需要青年把汗水洒在艰苦创业的舞台，做出一番事业。

青春万丈豪情，我们当勇敢去闯荡、去打拼，尽情彰显青春本色。我们拥有广阔的发展空间，我们承载着伟大的时代使命，在允许可控的范围内做好准备，让我们去勇敢大胆地拥抱创业，去一一品尝创业的酸甜苦辣，去做一个新时代真正的创业青年。

第二篇

价值观与财富观：从创富到共富

既以为人，己愈有；既以与人，己愈多。

［春秋］老子《老子·第八十一章》

我们这一代的青年当有“安得广厦千万间，大庇天下寒士俱欢颜”的胸怀，当有“己所不欲，勿施于人”的习性，更当有“计利当计天下利，求名应求万世名”的格局。

这是一个成就别人就是成就自我的时代。个人英雄主义的时代早已是过去式，一个人的成功远远比不上一群人成功。个人再富也是小富，只有群体富有才是共富。

04　会赚钱代表能力，会花钱代表境界

人生价值体现不过两件事：怎么挣钱和怎么花钱。挣钱，是你的能力体现，是将个人命运融入时代，不忘初心，砥砺前行。花钱，是你的境界体现，怎么将钱花出去，如何更好地支配财富，是你的担当与责任。

今天，我们说赚钱与花钱，绝不只是账户上进进出出的数字。青年当有义利观，担起时代责任，做金钱的主人。

暴富不是追求，创富才是目的

与过去 40 年相比，今天我们的创业环境发生了翻天覆地的变化，越来越多的人渴望暴富。

然而，真实的财富世界和商业世界有自身的规则，我们可以相信自己可能是暴富的幸运儿，可更为重要的是，我们对创业的认识不能盲目局限在暴富。

创业维艰，每个人都有自己的创业路，每个人都有自己的创业方式。当你把暴富奉为追求时，人生就会陷入坐井观天之境。当你把创富看作创业责任时，视野将开阔无垠。

创业，暴富不是追求，创富才是目的。创富是将个人命运融入时代，砥砺奋斗，创造出更多的物质财富和精神财富。

从负债起步，我用 12 年时间，将企业做到今天小有成就的模样。从养殖业、数码业，到传媒业，在带动公司伙伴一同致富的同时，我也力所能及地捐资四川大学、西南交通大学，多举措助力四川藏区、彝区脱贫攻坚工作。今天，当我实现财务自由后，生活依旧一如往昔。有人质疑，有人嘲讽，有人不解，但当这一切成为你的选择，成为你看待财富的方式时，你的视野格局又怎会仅仅局限于此呢？

创富，并不只是账户多几个零，更不是沉浸在物欲的世界里忘乎所以。真正意义上的创富，是将个人命运融入时代，不忘初心，砥砺前行。

我常问自己这样一句话：你奋斗的目标是什么？你想成为什么样的人？我们青年一辈又该有怎样的责任担当？

“路漫漫其修远兮，吾将上下而求索。”创业也是如此。事业发展永无止境，当财富向你迅速聚拢时，你还能想起自己创业的初心吗？

很多企业家，不管取得多大成就，仍始终保持艰苦奋斗的状态。多数人的创业路走得都不容易，举债创业的压力更甚。我们吃白水面配“老干妈”、睡银行网点，一路打拼才有如今宽敞明亮的办公区。正因为我历经艰辛，更懂得一切都得之不易，也更清楚创富的重要意义。

当你经历过一无所有、穷怕了的日子后，创造财富便成了你改变生活的动力。往昔成为历史，但却不该忘记。这里有一个浅显的道理，在已拥有财富的状态下，一旦养成挥霍的习惯，数十年的努力就可能毁于朝夕之间。

于家于国，都是一个道理。正因不忘初心，所以更当奋勇前行。正因为中华民族经历过近代的屈辱，所以深知一个国家只有强大才不会受欺辱。正因为中国青年不忘记历史，所以才应当不负青春，勇担时代使命。正因为经历过创业的艰辛，所以我时刻警醒自己，不忘过往。这不仅是对自己负责，更是对企业、对国家的一份担当。

人生路途漫长，我们在往前行走的路上，不能忘记曾经走过的道路。有朝一日，当我们走到遥远前方时，走到光辉未来时，更应当清楚自己当初为何而出发。作为当代青年，我们要珍惜今天拥有的一切，时刻提醒自己不忘初心。这是契合时代精神、中国国情的价值观，也是每个共产党人的精神追求。

当代青年的格局，绝不应局限于物质追求。创业时代，我们要继续发扬艰苦奋斗的优良传统，让每一分钱都花在刀刃上。

时代赋予青年的使命很多，过往已成历史，苍茫大地，今朝青年当主沉浮。放眼看时代，让世界听见中国的声音，还要看我们当代青年。唯有在创富路上不忘初心，青年才有作为，国家才能稳扎稳打地发展。

创富，是主动承担社会责任，牺牲小我成就大我的精神理念。佛家有言，人生是小我、大我、无我三重境界。我们都在修炼自己，牺牲小我，成就大我，最后达到无我境界。无我，并不是消极无为，而是把自己整个状态奉献给这个时代、这个国家、这个民族。

牺牲小我，方可成就大我。我相信，每一位青年创业者都渴望成为一名企业家，一个对社会有意义有价值的人，一个有崇高使命的当代青年。青年有担当，国家有力量，民族有希望。我们青年身上承载的是党、国家、人民的希望，是中华民族的未来，只有我们树立正确的价值观，才能承担起时代的使命。

若你小有成就，就去买豪车购豪宅大肆挥霍，那么员工也会如此。当所有人都开始享乐，公司的凝聚力、创业的法宝便会消失，何谈未来十年二十年的梦想规划？在关键时刻，企业掌门人应当有牺牲小我、成就大我的精神。明确创富，是以精神的力量引领更多人一起奋斗、一起创造财富，而不是沉醉金钱物欲，大肆挥霍，不思进取。

简化物欲是一场漫长的修行

“这是一个最好的时代，也是一个最坏的时代。”这是一个物质极其丰富的年代，也是一个物欲横流、消费主义盛行的年代。翻开手机，打开电脑，走在路上，扑面而来的各式信息都在大声提醒你：买买买！消费至上！

你选择掌控物欲，还是反被物欲掌控、彻底沦为它的奴隶？100多年前的某个春天，梭罗给出了自己的答案。

由于厌倦了喧嚣繁忙的都市生活，他在老家康科德城宁静的瓦尔登湖湖畔建起一座小木屋。在那里居住的两年内，他劳动、阅读、与各种动物和人交往、感受自然、深度思考，过上了一种自耕自食、简朴自然的“真正的生活”。

在写成的《瓦尔登湖》一书结尾处，梭罗表达了自己终身所追求的理想生活方式：“不必给我爱，不必给我钱，不必给我名誉，给我真理吧！我们身体内的生命像活动的水，新奇的事物正在无穷无尽地注入这个世界来，而我们却忍受着不可思议的愚蠢。”这里所说的“愚蠢”之一即是“大多数的奢侈品，大部分的所谓生活的舒适”。

当时，美国正处于农业社会向工业社会过渡的高速发展期。浮躁和享乐的社会环境，让梭罗无所适从。

历史何其有趣。100多年后社会物质财富空前丰富的今天，相同的社会情景在大洋彼岸再次上演。如今，中国已经取代邻国日本，一跃成为全球奢侈品消费第一大国。

根据高盛的预测，到2025年，中国将会接管全世界44%的奢侈品市场份额，奢侈品消费群体将会增加到2.5亿人，人均消费也会达到1715美元。

奢侈品消费市场的扩大，除了反映出我国经济快速发展、富人迅速增多的事实，更显示出很多人不甚理性的消费观。我并非说购买奢侈品是一种绝对错误的行为，毕竟如何消费是个人的私事。我想说的是这种现象背后所隐藏的社会危机：人慢慢被物欲操控，并逐渐物质化甚至异化。

忙着满足一个接一个的物质欲望，你真的就快乐幸福了吗？

老子说："万物之始，大道至简，衍化至繁。"其实，对于一个人来说，维持基本生活所必需的东西并不多。然而，在现实生活中，很多人却常常为自己永无止境的虚荣心和欲望买单，吃穿用度越贵越好，这实在是不必要的。

你吃得再好再精致，一天也只需要三餐。你住的房子再大再豪华，晚上也只需要一张床睡觉。你有再多高端订制的华服，一次也只能穿一件。你的豪车再贵再酷炫，终究也只是个代步工具。在路边摊吃一碗馄饨、喝一碗小粥的快乐与在高档餐厅品尝美味佳肴的快乐，这两者在本质上有差别吗？

现在，世界上很多地方都生长着杂交水稻之父袁隆平研发的超级水稻。早在 1999 年，某专业事务所评估，"袁隆平"这个品牌市值达 1008.9 亿元。面对这一说法，他坦言自己每年收入 30 万元左右，"已经很满足了……用财富衡量科学家价值太低级、太庸俗"。

在这个解决了中国乃至全球很多人吃饭问题的老科学家眼里，金钱从来不是衡量一个人身价的标尺，必须用得其所、花得有意义。

日常生活中，袁隆平极为简朴，从不贪图物质享受。2001 年，在出席香港中文大学授予他荣誉博士仪式时，袁隆平戴的领带只有十几元。

衣着朴素、坐经济舱、开 10 万元的国产代步车、把国家给他准备的豪宅改造成科研中心、用各类奖金设立袁隆平科技奖励基金……曾有记者问他，为什么不买个大房子？他答："要买个大房子，没有人住，岂不是空空荡荡，没有味。"

一身布衣，种稻田间，这位老科学家用自己的实际行动告诉大家："要淡薄名利，对物质别要求太高。"

现实生活中，很多人被无穷无尽的物欲捆绑，花起钱来没有节制、毫不手软，有的甚至大大超出了自己的可承受范围。这实际上是一种悲哀，人本来应该驾驭物，而不是反过来被自己制造出来的物所驾驭。

过于旺盛的物欲会吞噬掉一个人的生活，让你的生活无限复杂化，整天围绕着物质疲于奔命。如此，一个人就没有精力和时间去关注更高层次的精神生活。有人以为，身上的名牌标签可以彰显出自己的不凡品位。其实，决定你是谁的从来不是物质，而是精神。在一定程度上，物欲正在阻止你成为一个更好的自己。

如何逃离物欲的控制？别无他法，唯有简化生活、慢慢修行。

在物欲上，我们应该尽可能简化。就像梭罗所描述的那样，“深深地扎入生活，吮尽生活的骨髓，过得扎实、简单，把一切不属于生活的内容剔除得干净利落，把生活逼到绝处，用最基本的形式，简单，简单，再简单”。

简化物欲是一场漫长的修行，道阻且长。途中，你可能会面临层出不穷的诱惑，可能会遭遇他人的嘲讽冷眼，也可能被突如其来的虚荣心和占有欲击倒。但只要坚持，你一定会有所收获，或是一种高尚朴素的生活状态，或是宁静平和的心绪，或是来自内心深处真正的快乐。

对此，我深有体会。在生活中，我尽可能简化自己的物质需求，不抽烟、不喝酒、不去夜店，也不太在乎吃穿。出门办事，我打车。出差，我坐经济舱。作为一个创业者和追梦人，把自己所有的爱都倾注到创业中，其实是一件很正常的事情。为此，你会愿意简化生活，会投入一切的财富、精力甚至时间。有了梦想的指引，你会觉得自己的每一天都是快乐而充实的。

简化物欲，之于个人，是一种美德；之于社会，是一种风尚；之于国家和民族，是一种精神。试想，如果一个国家和民族的大多数人都沉迷于物欲享受，这该是一件多么可怕的事情。

当今，中国 GDP 总量全球排名第二。但我国还远远不是一个发达国家，很多人的生活并不富裕。为了建成一个更加公平和富裕的国家，作为有责任有担当的新一代青年，我们还需要继续发扬艰苦朴素的作风，通过奋斗和拼搏点亮自己的青春，为社会创造出更多的价值。

你如何支配财富，决定你有多大成就

改革开放 40 余年，中国发生巨变，经济发展速度增长快，态势迅猛，诞生了华为、格力、高铁、共享单车……中国制造走向世界，中国互联网引领全球，一些知名大企业引领了中国经济的发展。

这些企业的背后，是财富的大量涌动，无数企业家因此崛起。今天，在经济发展新常态下，弘扬企业家精神，树立正确的财富观，被提升到更加重要的位置。

在经济高速发展的今天，你如何支配财富，直接决定你的人生走向。换句话说，你的财富观直接影响着你的人生成就。

简单看“财富”二字，很多人或许只看到金钱。我们拆分开来，财富其实包括物质财富和精神财富。人人都要生活，物质财富确实非常重要，但精神财富发挥的引领作用也不容忽视。

12 年的创业经历告诉我，人不能只活在物质当中，更多的应活在精神世界里。

每个人都有自己的胸怀和责任，普通人大多没有企业家那样富有。

在中国乃至世界的大舞台上，一代代企业家立于时代的浪潮，选择为社会奉献自己的能量。试想，如果你也实现财务自由，你将如何支配自己的财富？

坦诚地说，企业家的钱不是自己的。企业家的钱属于社会和国家，属于大众，他们只属于代管者。怎么将钱花出去，如何更好地支配财富，去做更有意义的事，这才是他们需要思考的问题。

老一辈企业家曹德旺曾说："我是改革开放第一代的受益者，我挣了钱也要回报社会。"生逢其时，这个时便是时代，正因时代给了这样好的环境和政策，才能涌现出一批改革实践者和受益者。作为新时代的青年企业家，在创造财富的同时，我们应当树立正确的财富观，不要忘了承担社会责任。

与生意人、商人相比，企业家更值得尊重。他们在改革开放的潮流中推动着企业发展，为中国从落后到跟跑甚至是超越，发挥了不可估量的作用。企业家的思维意识里，多是以家国利益、社会利益为重的。他们为社会创造就业岗位，促进经济发展作出了重要贡献。

事业之大成，人生之大成，并不是取决于你收获了多少财富，而是你为社会做出了多少贡献。拥有金钱之后，怎么去回馈社会，才是青年一代企业家更应该树立的财富观。

时代的受益者数不胜数，我们都是其中一员。作为在社会主义国家成长的新一代青年，像我这样的寒门学子能够走出山村，取得今天的成就和财富，是国家和社会给了机会。

身为青年，身为青年企业家，自当为国家奉献青春，为全面建设小康社会奉献力量，为祖国建设添砖加瓦。曹德旺说过："中国的希望在于中国人自己的觉悟。如果每个行业都有人执着地把自己的事业与国家联系起来，而执着于这项事业的人，不但能够成为自己这个行业的领袖，为自己与社会创造财富，而且有机会跻身于世界这个大舞台，为世界创造价值和财富。"

金钱是体现人生价值的一种表现形式，但我们绝不能成为金钱的奴隶。青年的价值取向，对社会的价值取向起着至关重要的作用。

在国家和政策环境之下，努力赚钱并实现资金的原始积累，这是能力和才华的体现。但金钱不断增加，则意味着责任也在不断增大。当前我国正处于经济转型的关键时期，企业家更应当勇担使命，为社会承担责任。

企业家的肩上应承担多一点压力，为社会尽力。但如果你唯物质是从，以物质财富作为衡量人生的唯一标准，你终将会迷失自我。

金钱取之于民，用之于民。国家和时代给了你机遇，让你成为亿万富豪，积累巨额的财产。同样地，你也要反馈给这个时代，为推动经济社会持续健康发展作贡献。

或许，目前你的公司还不够强大，投资占财务支出多，还有风险支出和公益支出。但随着财富的变化，企业支出也会产生变化。支出的主旋律永远在投资和公益这两个板块，这也是我身为企业家未来几十年一直要去做的事情。

我们每个人都要树立正确的财富观，自觉成为金钱的主人。

世界首富比尔·盖茨是如何看待金钱的呢？他没有私人司机、私人飞机，公务旅行也不坐头等舱。他穿衣从不讲名牌，甚至不愿为泊车多花几美元。

他不是一个为钱而工作的人。创业不过是他的人生经历，财富也不过是他价值量化的标尺。一次，盖茨与朋友去希尔顿饭店开会，他们迟到了几分钟，没有停车位。朋友提议将车停放在饭店的贵客车位，但盖茨不同意。朋友说："钱可以由我来付。"盖茨依旧不同意。原因非常简单，贵客车位需要多付 12 美元，他认为那是超值收费。

财富的增加没有改变盖茨的生活。他说："我只是这笔财富的看管人，我需要找到最合适的方式来使用它。"在拥有巨额财富后，他既没有成为一毛不拔的守财奴，也没有成为挥霍无度的败家子。他凌驾于金钱之上，成为金钱的主人。

人生的价值体现在：怎么挣钱和怎么花钱。时代给我们创造了大量的机会，我们青年处在优越的大环境中。我们的梦想格局被赋予了更高的层次、更多的时代意义。我们在敢做敢拼、创造物质财富的同时，更要懂得如何支配财富，回馈社会。

青年及青年企业家当摆正自己的财富观，在奋斗中扬起自己的人生风帆，努力成为有理想、有追求、有担当的追梦人，在新时代干出一番自己的事业，走在时代的前沿，代表中国亮相世界。

精神富足，物质才富足

物质财富与精神财富孰重孰轻？怎么理解两者之间的关系？

有人偏重精神财富，虽穷困潦倒一辈子，但内心充实快乐。有人则偏重物质财富，觉得开豪车、戴金项链才是人生最大的享受和乐趣。

列夫·托尔斯泰曾说："没有钱是悲哀的事，但是金钱过剩则更加悲哀。"没有金钱一定很痛苦，但金钱多了未必是好事。物质财富与精神财富，两者从来不是对立的关系，它们完全可以和谐共生、相互促进。

但如果非要做出一个选择，我一定会毫不犹豫地选择精神财富。

生而为人，物质财富再多，倘若精神世界空空如也，一生会过得浅薄且苍白。

物质财富可以让一个人实现自由，也可以让一个人失去自由。同样，物质财富可以增加一个人的精神财富，也可以减损一个人的精神财富。

试想，一个没有精神财富的人，哪怕坐拥万贯家产，那会是什么情形呢？好一点的，不思进取、坐吃老本。坏一点的，挥霍一空、败光家产，甚至危害社会。

倘若不以丰富的精神财富作前提，一个人如果拥有过多的物质财富，说不定反倒会毁掉自我。

在英国著名喜剧演员卓别林的自传里，有这样一个小故事。一天，卓别林收到第一笔巨额片酬，欣喜若狂。此时，一位制片人告诫他，千万不要毁在对金钱的贪婪上。卓别林不解，当即向这位制片人请教。制片人说："当你还能理性地支配手里的钱时，你就能获得心理上的自由。但如果你不知道怎么花太多的钱时，你就离毁灭不远了。"听到这里，卓别林陷入深思。后来，他成长为一代电影大师，始终没有被市场和金钱所绑架，一定程度上与他理性健康的金钱观不无关系。

司马迁有言："天下熙熙皆为利来，天下攘攘皆为利往。"世人不辞辛劳，忙忙碌碌，都为一个利字。这本无可厚非。人没有物质金钱，不能立足生存。不过，钱财利益，浩如海洋，永远没有尽头。挣钱重要，拥有了物质财富怎么使用更考验一个人的心智。

不可否认，现在有这样一种现象：很多有钱人动不动就买跑车、豪宅、游艇、私人飞机。婚礼一晚，他可以包下整个马尔代夫。更有甚者直接直播上送保时捷、送轮船……

如何花钱是私人的事情，但这种耍酷、炫富行为对社会产生的影响不容忽视。当炫富或仇富的风气传播开来，对于下一代的成长、教育会产生怎样的影响呢？

诚然，普通人有普通人的活法，有钱人有有钱人的活法。有钱人除了要以物质财富增加自己的精神财富外，还应更多地思考怎样去做对社会有益的事。

孔子曾说："欲贫者富而知廉耻，知廉耻而学礼仪。"如果一个人连解决一日三餐的生活都成问题，那他自然接受不了最基本的文化教育，更谈不上为自己或他人创造出更多的财富。

但是，如果一个人腰缠万贯，却只是贪图物质享受，没有一丁点提升精神境界、造福社会的意识，那他比前者可悲得多。前者是没有选择的余地，后者却是一种自甘堕落。

物质财富容易消亡，而精神财富却永续不朽。物质财富是流动的，不一定永远拥有，只有精神财富才是真正属于自己，并可以传承后代、光耀千古。

"陋室空堂，当年笏满床；衰草枯杨，曾为歌舞场。蛛丝儿结满国梁，绿纱今又糊在蓬窗上。说什么脂正浓，粉正香，如何两鬓又成霜？昨日黄土垄头埋白骨，今宵红绡帐底卧鸳鸯。金满箱，银满箱，转眼乞丐人皆谤……”《红楼梦》里，曹雪芹写尽了贾薛王史家族的起伏兴衰。

人们常说“富不过三代”，这是有道理的。子孙后辈如果忘记了祖先的谆谆教导，骄奢淫逸，纸醉金迷，最终必然走向堕落。无数的事实证明，不思进取，没有雄厚的精神财富作支撑，纵然给你金山银山迟早也会被败光。

那么，精神财富到底是什么？它的范围很广，很难给出一个准确的解释。精神品质、梦想追求、知识思想，等等，这些都可以是一个人的精神财富。

只有精神财富富足了，物质财富才能真正富足。因为精神财富是动力源泉，它指引人们努力的方向，激励着人们去创造更多的物质财富。

精神财富看似无形，但一旦碰上合适的机会，它就能为个人和社会创造出更多的物质财富。在今天这个风口不断、机遇不断的时代，一个想法、一句话就能巧妙转化为物质财富。但是，如果你一心想着暴富，唯利是图，那么你永远不可能成功。一个精神上富有、敢想敢拼的创业者，物质财富迟早会光顾他。

我无数次反思，为什么曾经一穷二白的我能走到今天？其实也不难回答，这些年，我的每一次经历都如一把利刃，不断地划伤着我的肌肤，又不断地在心灵上长出坚韧的痂壳。求学、创业、梦想，无数经历的背后，精神财富从未离我远去。也唯有精神富足，我才能够义无反顾、无所畏惧地实践着自己的企业家梦想。

无论穷人还是富人，永远都不能缺失精神财富。如果说物质财富的积累是以精神财富为前提的话，那么精神财富的增长就会成为物质财富的不竭源泉。反之，精神财富匮乏一定会造成物质财富的贫瘠。

精神财富对物质财富的创造与再生有时起着决定性作用。个人、企业如此，国家也不例外。当代中国，有社会主义核心价值观、中国梦等伟大精神财富的感召，如果我们敢想敢做，发愤图强，那么我们为国家和世界创造的物质财富将不可估量。

从创业到创富，你准备好了吗

人人都想做事，人人都想创业，人人都想创富。但从一无所有到家财万贯，需要走多少步？我们不得而知。

在创业的大江大河里，无数人踏进又踏出，最终有的人一文不名，有的人功成名就，这样的故事数不胜数。有人说，贫穷使人孤单，财富使人狂欢。从创业到创富，这条狂欢之路并不简单。

如何真正做到创富？首先我们要弄明白创业创富的意义。

创业是创富的一个跳板，中间蕴含企业化过程。创业是梦想与勇气的体现。创富，则是创造价值。对企业而言，富，不只是为企业谋取利润，同时还要为社会创造价值。企业传承的核心就是让价值得以传递，一方面让企业可持续发展，另一方面又不忽视社会责任。

创业本就是一个大浪淘沙的过程。企业要永续长久地发展，必须同国家命运紧密相连。

社会主义市场经济制度的确立，让企业家的活力被无限激发。果敢敏锐的企业家推动着中国经济从落后、跟跑，再到超越。不可否认，是国家、时代给予了企业发展的机会，企业又推动着国家经济不断发展。

无论在任何时代，只有国家营造了稳定发展的大环境，个体才能有发光发热的机会。我出身在农村，是国家的教育政策使我走出了山村，是国家的创业政策让我走上了创业的道路。什么是正确的创富观？懂得爱党爱国才是最重要的创富观。

个人、企业再富有，如果国家不强大，我们照样要挨打，照样会被人欺负。中国要成为强国，青年一辈必须去创造，企业家必须担当时代使命。

一家真正伟大的企业，一位真正有担当的企业家，其眼界和抱负绝不会止于资本积累，绝不会忽视社会责任。回想我创业的 12 年，因为心中有梦，经历了无数次“五加二”“白加黑”，公司发展从几人到上千人，我们一群人、一条心、一个梦，才一步步走到今天。

人间万事出艰辛。一路走来，我们获得了无数的支持与鼓励，我们更懂得感恩，更愿意在力所能及的范围内为社会做奉献。在企业内部，我们成立志愿服务队，经常为社区提供服务，免费为留守儿童送去爱心。

从创业到创富，要忌浮夸浮躁，忌投机取巧。这不仅有利于人追求真理、勇攀高峰，也适用于培育企业精神。在我的公司里，年轻一辈占主导力量，我更看重年轻人正确的价值观的培养，让他们养成脚踏实地、务实肯干的良好习惯。

无数成功者的背后，无一不是脚踏实地，一步一个足迹。哀牢山上，褚时健从零起步，一点点地摸索种橙技术，终成一代橙王。宗庆后蹬着三轮，从街头巷尾叫卖汽水开始，才创下了娃哈哈集团。你要相信，埋头苦干永远不会欺骗人，脚踏实地也永远不会有错。

今天，经济高速发展，行业风口一个接着一个。任何一家企业都不要游走在规则之外，在迎风起舞的时候更要遵纪守法，承担社会责任。坚守底线，避免触礁，这是一个企业生存发展的重要准则。

企业领导者，既是掌门人，更是精神领袖。你手下有上千人与你一道创业、一起打拼时，精神领袖的正面角色更应当树立好，因为你的一举一动自上而下影响到每一位员工。以身作则，高标准要求自己，以这种潜移默化的力量去影响和改变员工，在青年人中树立奋发向上、积极进取的风气。久而久之，这样的精神风尚就是公司的财富，更是公司的核心竞争力。

一流的企业靠做什么？靠做文化，靠做企业精神。如果一个企业的领头人，他已经失去了奋斗的想法，那还创什么业？尽管你的口号一直在喊，但你做的事情已经不再是奋斗了，你该如何去带领公司发展？你要做的是引领员工树立正确的价值观、奋斗观，让他们有更高的追求和更高的价值取向。

在企业越做越大的时候，财富也在不断增加。但你能说你手上的钱越来越多，你就越来越靠近创富了吗？这样的理解太片面了。真正的创富，是有时代性的。它是不忘初心的努力，是胸怀天下的责任，是精神力量的引领和传播。

人才是企业发展的原动力，员工的作用不容忽视。尊重人才，让员工过得有尊严，对于企业发展具有重要推动作用。当你创业多年之后，依然有几十位老员工与你一道继续打拼，那么恭喜你，企业最大的财富你已经掌握在手中了。

具备艰苦奋斗、自立自强的优秀品质，才能推动企业成长，实现个人价值。我们都知道创业维艰，但当年的华为不是这样干出来的吗？所谓优秀，从来就不是唾手就得的，不付出一番努力，不在平凡的世界里经历不平凡，怎么可能挺立潮头？

企业创富，绝不只是简单的创造财富。真正伟大的企业，他的格局和抱负不能仅停留在金钱层面，而应该上升到为国家社会承担责任。

过去40年，中国经济从草莽英雄式的野蛮成长到迈入秩序化、创新共享的阶段，其成就固然可喜，但是，在社会发展方面，我们仍面临诸多挑战。例如，财富分配不均、中等收入陷阱、可持续发展乏力、环保污染严重，等等。要解决这些问题，时代呼唤企业重新审视自身的社会角色和责任担当。

未来，中国梦要世代传扬。我们作为青年企业家，要实现强国梦，助力中华民族伟大复兴，就是要创造价值，承担社会责任，为祖国的未来开辟新天地。

作为新时代青年，我们要牢记使命，不忘初心，以自强不息的精神，奋发进取的风貌，乐观豁达的品质，脚踏实地的作风，在企业发展的过程中，解决更多的就业问题，承担更多的社会责任，积极回馈社会、感恩时代。

在这样一个伟大的时代，有梦想的力量支撑着我们前行，有国家的扶持做我们坚实的后盾，身为新青年，我们的人生状态应该是时刻奔跑，时刻领跑。

05 一个人富有是小富，一群人富有是共富

从中华人民共和国成立到现在，一代又一代的党中央领导都在为实现共同富裕，带领人民追求美好生活而不懈奋斗。

一个人富有是小富，一群人富有才是共富。今天，人民日益增长的美好生活需要和不平衡不充分的发展之间的矛盾已经成为中国社会的主要矛盾。我们青年一代当竭力为美好生活而奋斗，为实现共同富裕而出力。

一个人成功远远比不上一群人成功

美国通用电气公司前总裁杰克·韦尔奇说过："我的成功，10%是靠我个人旺盛无比的进取心，而90%是依仗着我的那支强有力的团队。"

一个人的力量终究有限，更何况在今天这个知识爆炸的时代。只有团结更多的人一起奋斗，你才能跟上时代的脚步。

团队协作能带来更大的成功率。我们处在一个瞬息万变的时代，每过一分，每过一秒，事物就会有千万种变化。在竞争日趋激烈的今天，显然不能靠个人"打天下"，"独行侠"单打独斗的时代一去不复返了。

一个个体，无论你能力怎样超强、才华如何出众，个人能力终究有限。而一个体系就不一样。体系的视野比个人的视野更加广泛。选择单打独斗的人，前行的路会越走越窄，而选择志同道合的人一起奋斗，就会离成功越来越近。

团队协作，连蚂蚁都可以战胜狮子。“在非洲大草原上，如果你看见羚羊在奔逃，那一定是狮子来了；如果你看见狮子在奔逃，那一定是象群发怒了；如果你见到成百上千的狮子和大象在奔逃，那一定是蚂蚁军团来了。”这是《动物世界》里令人印象深刻的一段话。

团体协作产生的力量无法想象，小小一只蚂蚁，单拎出来，用一根手指头就可以碾死它，但一群蚂蚁抱团后，却可以让雄狮、大象出逃。可见，团队的力量有多么强大。

我们不能保证个人无所不能，但我们可以建立起一个体系，完成个人无法完成的事情，利用个体聚合在一起形成的体系力量，完成自己力所不能及的事情。

过去7年，我带领着员工，从负到零，从零到一，从一再到一百，我们“老干妈”加白水面才创造了今天的蓝骄传媒。在这个过程中，要是没有激情、没有团队合作的力量，我们绝对撑不到现在。

“单人不成阵，独木难成林。”一条小河只有汇入大海中才会显得波澜壮阔，一个人无论怎么努力也远不及一个体系的力量。

一个人划船逆流而上，很快就会止于反向水流的阻力，被冲得离目标越来越远，但如果岸上有纤夫牵引，逆流而上就轻松快捷得多。

一个人是谁并不重要，重要的是他身后站着一群怎样的人！

你很努力，但要选择一个努力的团队一起战斗。

你很努力，但要追随领先者才有可能快速成长。

企业是社会创新的主体，企业家是企业创新的灵魂。从一定意义上说，企业家之所以成为企业家，很大程度上取决于他们的创新精神。

企业家是社会的稀缺资源和宝贵财富，它带领企业创造出大量的物质财富和精神财富，企业家肩负着繁荣经济的重大使命和服务大众的社会责任。分析各类企业家的创业历程，我们发现，他们普遍具有强烈的创新精神、坚忍不拔的毅力、灵活的市场触角、科学研判的决策能力，以及善于沟通的协调能力。

企业家对一个企业的梦想描述和远景规划非常重要。管理学之父德鲁克曾说：“领导者的首要任务是定义使命。使命即是初心。学习与发展领导力，我们需要常常问自己：我的初心是什么？”

如果一个领导者看得长远，员工就会觉得这家企业有希望，就愿意跟着他往一处使劲。反之，一个目光短浅、对企业没有清晰远景规划也没有远大梦想的领导者，也就感染不了手下的员工，留不住人才。

在一个领导者身上，必须同时拥有多重闪光的品质。比如愈挫愈勇、百折不挠的奋斗精神，比如不怕失败、敢于挑战的进取精神，比如坚持原则、言必行行必果的诚信精神……如果没有这些精神，一个领导者无法赢得员工发自内心的尊重和信任。

做人做事，既实事求是，又认真负责，这是每一位领导者应该有的姿态。

成就别人就是成就自己

过去 40 年，我们的生活以肉眼可见的速度不断变化：住房变宽了，楼房变高了，餐桌上的食物更丰富了，汽车多了，衣服变美了，朋友也多了。

仅过去 5 年，我们国家就有 6000 多万贫困人口稳定脱贫，中西部和农村教育明显加强，就业状况持续改善，城乡居民收入增速超过经济发展速度，中等收入群体持续扩大，人民健康和医疗卫生水平大幅提高，社会治理体系更加完善……

我们非常清楚，日新月异变化的背后，绝不是某个人、某一个群体努力的结果，这是一个国家、一个民族奋斗的结果。

今天，在改革开放再出发的关键时刻，每个人都是时代中心，我们更加清楚，未来要靠每个人去创造，未来的富裕将是全民的富裕。只有成就他人，才能成就自己。

于企业而言，成就他人就是尊重关怀员工、保障员工权益、提升员工竞争力。作为企业家，只有提供一个成就他人的平台，才能成就自己的梦想。

尊重关怀他人，让每个人有获得感、幸福感。

无论任何阶段，人都是时代发展的核心。一个国家需要人去推动发展，一个企业需要人去创造财富。尊重人、尊重员工，就是尊重企业本身。

如果一家公司，它的员工大多来自农村，员工的学历可能不高，家庭也不富有，种种条件无法和别人相比。但在偌大的城市，他们也想找到存在的价值、人生的目标。你或许会发现，他们其实是社会的大多数，甚至可能包括你。他们普通平凡，但他们一样能创造价值。

尊重员工，才是把握企业发展的要义。公司和员工的关系不是单纯的金钱关系。如果你的企业内部，员工之间亲如家人，岗位安排公平公开，公司的整体风气将焕然一新。以人为本，是尊重员工权利，不仅要帮助他们实现人生价值，更要给予他们人文关怀。

如果一家公司能处处为员工着想，为员工提供好的食宿条件，空调、冰箱、洗衣机、热水器、Wi-Fi 等生活设备一应俱全，甚至在组织公司旅游时，邀请员工父母一同前去，你觉得这样的企业里，员工流失率会高吗？只要将这种以人为本的文化根植在企业内部，员工的归属感和幸福感就一定会很强。

海底捞创始人张勇曾说过一句话，要把员工当亲人看。海底捞面对大众能够有如此优质的服务，同样是公司足够尊重员工的结果。

我曾做了这样一个安排：每一年春节带一批人到优秀员工家里过年，给他放烟花、摆团年宴，给予优秀员工荣誉感，同时也能增强员工的认同感与归属感。

无论什么时代，只有在奋斗中成就他人，才能成就自己。尊重关怀，让每一个人过得有尊严，便是成就他人的最好方式。

一个企业发展的前提，是保障员工的合法权益。财富由大家共同创造，保障个体权益就是维护企业根基。

企业就像一部机器，少了哪个部件都不能正常运转。在企业和团队里，要明确创始人只是分工赋予的角色。我听过这样一句话，未来这个世界只有平台没有公司，只有领袖没有老板，只有合伙人没有员工。

今天，我们强调员工权益的保障，绝不能只停留在口头，更要付诸实际行动。这是一个人人联系紧密的时代，每个人都有获得美好人生的权利，每个人都有追求幸福生活的权利，为员工创造更好的条件，就是为企业创造更好的未来。

从数码时代到传媒时代，在公司转型的过程中，我对原有的员工依旧保留。在我最困难的时候，正是这样一群人雪中送炭，才有了公司的今天。或许你创业时，身边有很多朋友兄弟都没有选择与你一道打拼，但却有一群陌生人因为梦想，选择相信你。那你有什么理由不去感恩他们？如果你连跟着你打江山的人都照顾不好，何谈感恩，何谈实现人生价值？

如果未来我们的公司能上市，我们企业的养老基金及下一代教育基金的扶持力度将会更大。我还要打造自己的教育集团，从幼儿园到大学，员工的孩子可以直接入读，优秀员工的孩子从小学读到大学的费用甚至有可能全部由公司承担。

此外，许多员工的父母没有社保和退休金，一旦遇到重大疾病几乎无力支撑。公司将会有养老基金、众筹计划等，为员工解决后顾之忧。

共创财富、共享财富的时代就是现在，成就他人成就自己的时代也是现在。只有保障员工权益，减少员工后顾之忧，才能更有效地推动企业发展。企业是国家发展的重要力量，企业办好了，国家社会经济水平才能稳步上升。

唯有提升员工的核心竞争力，企业方能走得更远。

人才是企业的核心竞争力。提升员工实力，就是在增强公司的实力。过去、现在以及未来，一切竞争都是人才的竞争。

为公司拼搏付出努力的人，公司也应该为他们付出。未来，我的公司将会启动培训计划，将多位优秀员工送到国外，让他们学习管理与经营，半年后再回公司上岗。公司甚至可以实行提前退休计划，拿出资金专做员工退休基金。如果有员工不想退休，公司则提供培训学习、再就业创业。公司也可以设立投资基金，如果员工愿意把钱用去投资，我们就帮助他们理财。这是一个全民创富的时代。你在给予的同时也在收获，你在付出的同时也在成长。

企业的兴衰关乎着员工的命运。对于企业家而言，创业最理想的境界或许是有一天公司遇到困难，员工们仍然选择与你一起奋斗，共同抱团取暖过难关。

毋庸置疑，员工在工作中实现人生价值，他的持续创造力将会更强大，企业的发展也将更长远。企业发展带动国家整体经济实力提升，不仅成就国家事业，也在成就企业自身，甚至是企业的每位员工。

物质与精神实现共富

普通企业和伟大企业最大的区别在哪儿？

普通企业为股东和员工而存在，以创造物质财富为最主要目的。伟大的企业为社会、国家甚至全人类而存在，不仅创造出大量的物质财富，而且创造出大量的精神文化财富。从竞争力和社会贡献来讲，后者远远强于前者，拥有前者难以企及的存在价值和格局高度。

黑格尔曾说："理想的人物不仅要在物质需求的满足上，还要在精神旨趣的满足上得到表现。”物质和精神实现共富，做一个有理想的人需要如此，做一家有理想的伟大企业同样需要如此。

一家备受尊敬的伟大企业，对内，它应该创造出大量的物质财富和精神财富，充分满足员工物质层面和精神层面的双重需求；对外，它也应该为国家、社会以及全人类源源不断地创造出大量的物质财富和精神财富。

改革开放以来，一波波创业浪潮席卷大江南北。浪潮之中，一批批弄潮儿下海创业，很多优秀的企业由此诞生。华为就是其中的佼佼者。

华为不仅注重满足员工的物质利益，对员工的精神需求也很关注。在“致华为新员工的一封信”里，任正非写道：“华为公司共同的价值体系，就是要建立一个共同为世界、为社会、为祖国作出贡献的企业文化。这个文化是开放的、包容的，不断吸纳世界上好的优良文化和管理……物质资源终会枯竭，唯有文化才能生生不息。一个高新技术企业，不能没有文化，只有文化才能支撑它持续发展，华为的文化就是奋斗文化，它的所有文化的内涵，都来自世界的、来自各民族的、伙伴的……甚至竞争对手的先进合理的部分。”

对内，华为致力于实现员工物质层面和精神层面的共富。对外，华为虽然身处中国，却是一家心怀全球的企业。成立至今，它不断创造出新的技术产品和企业文化，为国家、世界作出诸多贡献。

物质财富是维持一个企业生存与发展最基本的东西，是企业必不可少的组成部分。在解决完最基本的生存问题之后，为了实现更好的发展，企业必须想方设法进一步推进物质财富的创造与积累。

如果说，物质财富是企业的坚强后盾，是硬实力。那么，精神财富则是支撑企业和员工的力量源泉，是软实力。在企业自始至终的发展过程中，精神财富都不可或缺。与物质财富的一步步积累不同，在精神财富方面，无论是企业文化还是其他方面，从来都不是一个由少到多的过程。企业越发展，企业文化越优秀，这种说法并不科学。

企业的精神财富不能简单用多与少、深与浅来衡量分析。只能说，在企业发展的每一个阶段，它的精神文化有不同的表达形式，侧重于不同的方面。

有时，我十分怀念刚创业时，那种敢闯敢干、激情满满的工作劲头。那个时候，一周 7 天，不分白天黑夜地拼搏奋斗，经常坐最后一班地铁回家。经济拮据的时候，我们连续吃“老干妈”加白水面，有时甚至连工资都发不了。宿舍不够住的时候，一些老员工就干脆跑到银行 ATM 取款机那里去睡一晚。第二天早上七八点钟，他们回到宿舍洗漱整理一番后，直接去数码广场上班。

从 50 多平方米、只有 4 张简陋桌子的铺面起家，没有这种奋斗拼搏的精神，蓝骄传媒绝对不可能走到今天。这些精神财富，即使放在今天来看，也难能可贵。蓝骄传媒的精神财富积累并不是一个由少到多的过程，因为从成立的那一刻起，我们的精神财富就已经足够强大。

现在，蓝骄传媒已经具备一定的实力，成功度过了求生存的初创阶段，顺利步入下一个发展阶段。在这个十字路口，我对自己提出了实现员工物质和精神共同富裕的要求。首先，把企业积累的物质财富拿出一部分来回馈员工，进一步提升员工的物质财富水平。其次，继续做好精神榜样作用，继续重视企业的团队建设工作，继续不断总结提炼蓝骄传媒的精神文化内涵，以满足员工们不断增长的精神文化需求。

党的十九大报告指出："既要创造更多物质财富和精神财富以满足人民日益增长的美好生活需要，也要提供更多优质生态产品以满足人民日益增长的优美生态环境需要。"

伟大的时代呼唤更多的伟大企业。无论是新时代的企业还是企业家，都应该有责任与义务去实践上述要求，先从企业内部做起，再逐步辐射到全国乃至全世界，带领更多人实现物质财富和精神财富的共富。

人人为我，我为人人

中国有一家企业，没有上市，也没有接受过第三方投资，但创始人持有股份只有 1% 多。其他股份去哪了？答案是：由员工持股会代表员工持有。如果有员工离职，股份该得多少，马上数现金给你。哪怕是几千万元的现金，这家企业也会如数送上。

这家企业叫作华为，而这样的制度，是公司领头人任正非决定的。

任正非曾说:“我创建公司时设计了员工持股制度，通过利益分享，团结起员工，那时我还不懂期权制度，更不知道西方在这方面很发达，有多种形式上的激励机制。仅凭自己过去的人生挫折，感悟到应与员工分担责任，分享利益。创立之初，我与我父亲商量过这种做法，结果得到他的大力支持，他在上世纪 30 年代学过经济学。这种无心中插下的花，今天竟然开放得如此鲜艳，还成就华为的大事业。”

华为人人股份制的设计，全球独一无二。当年，山姆•沃尔顿为沃尔玛设计的“人人是股东”也没有做到这个份上，日本稻盛和夫提倡的“敬天爱人”经营哲学也没有具体落实到这个程度。任正非的高格局和大智慧令人折服。

正是因为他能站在“我为人人”的高度，才换来了“人人为我”的幸福。华为 30 多年取得的成就，就是最好的证明。

今天，“人人为我，我为人人”就是一种时代分享价值观。这是一个人人联系紧密的时代，人与人之间的距离无限缩小，人与人之间的关系无限拉近。

生活中，我们每次使用打车软件后，司机都会友好地询问，是否可以为他打一个五星好评。这一个点击，会增加他的信誉度，而信誉度越高，他接到的订单就会越多，赚的钱自然更多。此时，一个不用花钱、只用拇指一点的好评，就能够给这位司机创造更多的财富。也就是说，我们的任何一个小动作，都有可能给别人带来影响。在互联网的作用下，人与人之间的关系变得更加紧密，建立联系也更加容易。

早在 1967 年，美国社会心理学家米尔格伦就提出了著名的“六度区隔理论”，他认为：“你和任何一个陌生人之间的间隔不会超过 5 个，也就是说，最多通过 5 个人你就能够认识任何一个陌生人。”根据这个理论，你和世界上的任何一个人之间只隔着 5 个人，不管对方在哪个国家，属于哪类人种，是哪种肤色。

2001 年，哥伦比亚大学社会学系的一个研究小组在互联网上进行了一个实验，他们建立了一个实验网站，终点是分布在不同国家的 18 个人。之后，志愿者通过网站把电子邮件发给最可能实现任务的亲友。结果，384 封电子邮件抵达了目的地，平均算下来只花 5 ～ 7 步就传递给了目标人。

未来，人与人之间的距离还会越来越短，两个陌生人之间隔阂也会越来越少。分享永远是相互的，人人为我，我为人人，两者缺一不可。

我们中国人的家国观念源远流长，我们的幸福感从来具有群体特征。在家庭、企业和国家内部，幸福都具有共享意味。“穷则独善其身，达则兼济天下。”个人实现富裕之后，更要不忘回报社会。

如果只有人人为我，便是将自己放在世界中心。法国哲学家狄德罗说过一句很有意思的话："在一个发疯的时刻，有感觉的钢琴曾以为自己是世界上存在的惟一钢琴，宇宙的全部和谐都发生在它身上。"

如果只有我为人人，确实是崇高的理想追求，可又不太符合社会现实。只有两者相互平衡，才能相互促进。只有我为人人，才有人人为我。当这种分享价值观落入实际，不管是国家还是企业，都要坚定不移地走共富道路。

我为人人，是孔夫子"己所不欲，勿施于人"的一种体现。我为人人的概念没有边界，有小有大。对于企业而言，这种共富分享观念有三个层次：最低级的分享是与家人共享财富；其次是与创始团队、员工、合伙人一起分享财富；再次的就是与社会、时代共享财富。

自公司创立，我就牵头成立了志愿服务队，为社区服务，为留守儿童送爱心，这件件小事汇聚成了正能量。

我为人人的分享价值观，绝不只是物质财富的分享，更有精神财富的分享。在西南交大附属中学，我曾经做过一次演讲。其中，最令人感动的是一位高一的白血病患者，他说每次觉得自己撑不下去的时候，他就会想起我。无形之中，孩子把我当作了精神榜样。

时代的进步推动社会分工的细化，新行业新风口创造了更多的机会，当代青年拥有较之以往更加广阔的舞台。基于从时代、国家获取的财富，我们企业家应当回馈社会，将我为人人的价值观升华。

作为新时代青年，我们承载着伟大的时代使命。唯有努力前行，让奋斗成为最亮丽的青春底色，方能不辜负这个时代。

作为青年企业家，我们更要承担社会责任，明确一个人富有是小富，一群人富有是共富。在带动企业员工创造财富的同时，更要为社会创造价值。

只有我们青年一辈明确人人为我、我为人人，明确个人命运和时代息息相关，增强个人责任感，才能在人生道路上走得更正更远。

任何企业都是属于时代的企业。无论企业发展亦或是个人成长，我们都要感恩时代，感恩国家所创造的环境。在扎根平凡世界的同时，我们更要引领时代风尚，这才是对我为人人、人人为我的最好解读。

06　回馈社会，实现中国梦

青春正飞扬，奋斗恰当时。我们站在时代的风口上，在国家与社会提供的环境中扬帆起航。我们在展翅高飞的同时，自当不忘社会，不忘国家。

数风流人物，还看今朝。要实现中华民族伟大复兴的中国梦，青年的力量不可或缺。我辈青年唯有努力实现中国梦，在奋斗中实现人生理想，在感恩中燃烧青春激情，方能不负韶华好时光。

今天你捐赠，明天你受益

人生有三重境界：见自己，见天地，见众生。首先，人要真正读懂自己，找到安身立命之根本。其次，人要从小我之境上升为大我之境，不断开阔眼界和格局。“圣人无常心，以百姓心为心。”最后，人要回归大地，不断地放低自己，把自己的所见所感彻底融入众生的所见所感。

和人生一样，做企业也分为三重境界。在“见自己”阶段，企业要自力更生、力求生存，逐步摸索出自己的核心竞争力，不给社会和国家增添麻烦。在“见天地”阶段，企业要勇敢走向更加广阔的舞台，不断拼搏奋斗，力争上游。同时，企业也应该承担一定的社会责任。

在“见众生”阶段，企业则要承担更多的社会责任，思考如何回馈社会和国家，思考如何成为利国利民甚至有利于全人类的伟大企业。

今天，企业家是聚集财富最多的群体之一，获得更多，责任自然更大。企业家自当承担社会责任，胸怀家国天下。

当今，人类社会已经进入到物质极度丰富的时代。时势造英雄，正是在和平与发展的国际大背景下，很多商人和企业家抓住时机，顺势而为，创造出了众多的财富神话，积累起了大笔的物质财富。

但是，放眼全球，很多国家和人民仍然生活在贫困之中，有的甚至连最基本的生存都成问题。此外，伴随着全球化进程，贫富差距加大、环境污染、教育不公平等诸多社会问题都亟待人类携手共同解决。

从国内来说，改革开放以来，得益于政策、经济、人口等方面的优势，一代代企业家快速成长起来，一家家民营企业如雨后春笋般出现。

正泰集团董事长南存辉曾说：“改革开放改变了中国，也改变了我的命运。我们的勇气与机遇是改革开放赋予的，我们的光荣与梦想也是改革开放赋予的，可以说没有改革开放就没有如今的正泰。”从这个角度来说，中国商人和企业家的物质财富都不是自己的，而是伟大时代和伟大人民所共同赋予。

置身于此大背景下，作为这个伟大时代的获益者之一的商人和企业家，我们必须有所作为。作为有良知的商人和企业家，我们更多的不是索取，而是创造和奉献。你要持续不断地创造出物质财富和精神财富，再持续不断地奉献出精神财富和物质财富。两相对比，后者更重要。

曾有人如此评价比尔·盖茨："他赚的钱比人类历史上任何人都多，他在努力把钱捐献出去。大多数人也许会把钱用在别的地方，或是只捐出一点点，并希望别人给他们别上勋章，而不是像比尔·盖茨那样，把全部的时间都用在寻找真正行之有效的东西。这就是他毕生的工作。"

在盖茨的捐赠计划里，他的孩子只能继承极少财产。百年之后，他和妻子的个人财富将全部捐出，以回馈全人类。2010 年，在自己身体力行做捐赠的同时，盖茨夫妇还和股神巴菲特充分利用自身的社会影响力，联合发起了一项全球倡议——"捐赠誓言"（The Giving Pledge）。该"誓言"致力于鼓励全球最富有的个人和家庭将大部分财富投入慈善事业，以解决关乎人类共同命运的最紧迫的诸多问题。2019 年 5 月，根据最新公布的数据，有 19 位慈善家个人和家庭加入该倡议，其中还包括两位来自中国的慈善家。

这些慈善家们的善举值得我们学习，他们诠释了什么是大爱无疆和仁者之心。其实，真正的捐赠不是为了鲜花和掌声，不是满足炫耀和虚荣，而是出于一种"推己及人"的爱心和社会责任感。"赠人玫瑰，手有余香。”把财富捐赠出去，于己是慷慨之举、是一件很快乐的事情；于整个社会，是一种榜样力量和正能量传递；于整个国家乃至全球，也是一件利国利民、功德无量的大好事。

很多人问我为什么要捐赠？其实，这是一个天时地利人和的决定。“穷则独善其身，达则兼济天下。”从公司层面来说，在创业初期，创业者更多思考的是生存问题。在解决完生存问题后，我需要思考带领蓝骄传媒承担起社会责任，以回馈国家、党和社会一直以来对我们的关爱。从个人层面来说，一路走来，我得到了社会各界无私帮助。对此，我深深感恩。

2017 年 5 月，在主动与学校联系后，我向母校四川大学捐赠了 1600 万元，用于设立“泽平自强奖助学金”和“双创”基金，以奖励和资助那些勤奋自强的川大学子，并培育扶持大学生开展各类创新创业项目。9 月，我又向西南交通大学附属中学捐赠 110 万元，主要用于改善该校的办学条件和支持对口帮扶对象——阿坝州马尔康市的文化教育及精准扶贫工作。

“众人拾柴火焰高”，一个人的力量始终是微不足道的。作为一个普通的中国青年，我希望用自己的故事为更多青年人带来一丝共鸣，真正引领社会上更多有实力、有才华、有理想的青年们一起来为社会作出贡献，走上公益之路。

作为一群青年佼佼者，在中华民族实现伟大复兴的关键时刻，在改革开发再出发的历史节点，我们更应该有所作为、拥有一种民族担当，一起来建设祖国，为祖国发展贡献出全部力量。如果能达成这一使命，难道不是人生一大幸事吗？等到老去，再来回味这一段经历，我们一定会觉得自己的人生很有价值。

扶贫必先扶智

在脱贫致富上，我们走出了一条中国特色的道路，也为世界交出了一套减贫的中国方案。

在中华人民共和国成立 70 周年、改革开放 41 年之际，我们来看这样一组数据：2013 ～ 2018 年，我国连续 6 年超额完成千万减贫任务。6 年间，全国累计减少贫困人口 8239 万，贫困发生率从 10.2% 下降到 1.7%。①

这组数据不仅是中国脱贫攻坚的奇迹，更是世界减贫史上的奇迹。

这在全世界，只有我们社会主义中国做得到。生活在这样的时代，在这样的党和政府的领导下，青年人更应怀有感恩之心，有民族自豪感。

“民亦劳止，汔可小康。惠此中国，以绥四方。”在距离实现全

---

① 顾仲阳、郁静娴：“我国年度减贫连续 6 年超千万人累计减贫 8239 万人”，http://finance.china.com.cn/news/20190317/4925029.shtml.

面小康目标越来越近的当下，我们这场脱贫攻坚的硬仗还在继续。但是，改变的花朵早已在各个地区绽放。

今年，我回到了曾长大的达州峰城镇，亲眼见证了精准扶贫为家乡带来的改变。村里的老人们大多家庭贫困、无儿女依靠，他们全被政府接到养老院，一日三餐都有人照料。同时，村子里凡有人家居住处，都有了柏油马路。

这绝对是一个伟大的时代，几乎颠覆了我们曾经的生活方式。我们村子海拔1500米，高山上最难的就是喝水问题，干旱时尤其严重。现在，村子里人家不多，但国家依旧耗资修建蓄水池，把水管连接到各家各户。这样一来，村民一年四季都能喝上自来水。

此外，水稻、油菜等优良种子都由国家免费提供。如果遇上丰收季节，劳动力不足，村民们可以上报当地政府机构，政府就会派人帮忙收割。我眼见耳闻，见证着精准扶贫带来的成效。

一直以来，减少贫困都是世界难题。我们作为世界上最大的发展中国家，脱贫更是一项异常艰难的工程。在我们国家多年扶贫经验的基础上，习近平总书记提出了精准扶贫理念，将过去大水漫灌型扶贫转变为精准滴灌型扶贫，由输血型扶贫转变为如今的造血型扶贫。

贫穷不是不可改变的宿命。没有比人更高的山，没有比脚更长的路。在我的家乡，村民的经济作物作为农业资源，通过农村合作社与相应企业签订合同。销售市场扩大了，农民生产也更有积极性。

在更多的地区，造血型精准扶贫成果依然显著。“授人以鱼，不如授人以渔。”扶贫教育或者发展当地其他产业都是如此。扶贫确实不是做慈善搞救济，引导有劳动能力的人创造美好明天才是永续发展的关键。

“摆脱贫困首要并不是摆脱物质的贫困，而是摆脱意识和思路的贫困。扶贫必扶智，治贫先治愚。”贫穷并不可怕，可怕的是没有改变现状的心。脱贫致富不仅是“富口袋”，更要注重“富脑袋”。

我作为从乡村拼搏出来的草根企业家，深深意识到“富脑袋”对自己产生的巨大改变。在精准脱贫“五个一批”，即发展生产脱贫一批、异地搬迁脱贫一批、生态补偿脱贫一批、发展教育脱贫一批、社会保障兜底一批中，教育扶贫占据举足轻重的地位。“富脑袋”，就是要改变观念，以各种教育方式提升贫困地区的意识水平。

老子曾说：“既以为人，己愈有；既以与人，己愈多。”做企业也当如此，付出何尝不是一种收获呢？企业精准扶贫做得好，体现了企业的活力，同时也能提升企业的美誉度与知名度。

2019 年 3 月，我们公司签订了精准扶贫对口帮扶协议。作为高新区援藏的 48 家企业之一，我们会全方位对接甘孜州 48 个村子之一的德格村。与当地村支部书记、乡长等进行数次会议后，我们企业即将全面参与精准扶贫。之后，整个村子的基础建设，包括公路、卫生所等，都由我们公司全面援建。我们将组织大量的人力物力深入德格村开展建设，不惜代价让村民过上美好幸福的生活。

社会主义国家提倡共同富裕，允许一部分人先富起来，这一部分人再去带动更多的人一起富裕，最终实现共同富裕的伟大目标。我们应当发挥青年企业家的力量，带动更多企业家一起助力精准扶贫，主动承担社会责任。

扶贫要扶上马，还要送一程。作为参与精准扶贫的企业，我们应跟随国家一起努力关注精准扶贫的下一阶段，关注贫困地区的后续发展道路。脱贫后不能返贫，要保持村庄健康持续的发展。

使命呼唤担当，使命引领未来。身为青年企业家，我们要高举爱国主义伟大旗帜，在脱贫攻坚、精准扶贫的拼搏中迸发出排山倒海的力量。

投身教育，拥有未来

人民教育家陶行知曾说过这么一段话，表明教育对于国家发展的重要性，以及教师在其中起到的关键作用："我们深信教育是国家万年根本大计。我们深信教育应当培植出活力，使学生向上长。我们深信教育应当把环境的阻力化为助力。我们深信师生共生活，共甘苦，为最好的教育。我们深信教师应当以身作则。我们深信教师应当学而不厌，才能诲人不倦。我们深信教师应当运用困难，以发展思想及奋斗精神。我们深信教师应当作人民的朋友。我仍深信如果全国教师对于儿童教育都有鞠躬尽瘁死而后已的决心，必能为我们民族创造一个伟大的新生命。”

从古至今，教育向来被视为国之重器。良好的教育寄托着一个民族的希望，也是改变个人及家庭命运、重塑个体精神品格的一把钥匙。

不管对于个人、家庭还是国家、民族而言，教育都是一件极其重要的大事。教育能够改变一个人的命运，尤其是公平公正的高考制度，它能够改变一个人的人生路径，突破自身局限迎来别样的风景。

试想一下，如果没有良好的教育制度，如果没有那么多老师辛勤无私的培养，连幼儿园和一、二年级都没有上过的我怎么可能考上川大？如果没有考上川大，又怎么可能会有我的今天？

如果没有教育，一个从小在大山里长大的孩子，不会有北大的文学梦，不会有改变自己和家庭命运的强烈愿望，不会一路得到那么多贵人的帮助，也就不可能成长为一位青年企业家。

当自己一有能力回馈社会的时候，我第一时间就想到了教育，希望通过捐赠，为提高中国的教育水平、子孙后代能够接受到更好的教育尽绵薄之力。我对社会的捐赠主要集中在教育事业上。未来，我带领企业转型所要从事的传媒事业也是和文化教育挂钩的。或许，在冥冥中，我和教育事业早已结下了一种特殊的缘分。

国家和民族很需要教育。只有教育制度越来越完善、越来越能激发出人的潜力，民族复兴、国家崛起才有真正的希望。中国需要培养出更多的社会主义接班人去传承伟大历史使命，去接过前辈的接力棒。教育事业需要有识之士的接力，需要更多有条件的青年企业家们积极投身教育事业，并为之做出应有的贡献。唯有如此，中华民族的未来才有真正的希望。

据统计，2018 年全国有各类学校 51.89 万所，各级各类学历教育在校生 2.76 亿。

今天，每年近 2000 万的新生儿童成为中国最了不起的资源。我国只有把教育始终摆在优先发展的战略地位，建设学习型社会，丰富孩子们的脑袋，才能创造更美好的明天。

改革开放 40 年来，全国上下倡导“知识就是力量”。14 亿人的脑袋里有了东西，口袋里也有了东西。毋庸置疑，教育仍然是目前最有价值、最有成就感的公益事业。未来，我也会一直坚持于此。

改革开放 40 年来，中国取得了举世瞩目的辉煌成就，这其中最大的功劳之一就是教育和人才。恢复高考之后，通过公平公正的社会主义教育制度，无数的城市人和农村人发奋学习，最终实现了人生价值，成长为对社会有贡献的新时代青年。

然而，随着一部分人先富起来，中国社会不可避免地出现了贫富差距过大的现象。于是，很多人开始感叹阶层固化，认定“寒门难再出贵子”。

这个问题要辩证地来看待。一方面，一部分条件优越的家庭确实会占据更多更好的教育资源。但另一方面，草根出身的人反而较以往更有机会。从求学方面来说，我相信，教育环境将会越来越公平。随着国家政策及相关资源的倾斜，随着农村教育进一步发展，贫困落后地区的教育事业将会有相当程度的提升。

再从高考制度来说，我仍然相信，这是世界上最公平的一场考试。虽然是千军万马过独木桥，但每一年都有很多的优秀学生考上大学，接受优质的高等教育。因此，上升的通道是一直存在的。

高考之后，国家还有公务员考试、研究生考试等一系列上升通道。将来，上升通道可能还会更加完善合理。出身并不是阻碍一个人成长和发展的根本障碍。

一个人只要脚踏实地、勤奋好学，无论他选择求学、就业还是创业，都必将有所作为。而在这些过程中，教育就很好地担负起了弥合人与人之间出身及各种差距的社会功能。

1922 年梁启超先生在一场演讲中问道：“你为什么要求学

问？”“为的是学做人。你在学校里头学的什么数学、几何、物理、化学、生理、心理、历史、地理、国文、英语，乃至什么哲学、文学、科学、政治、法律、经济、教育、农业、工业、商业，等等，不过是做人所需要的一种手段，不能说专靠这些便达到做人的目的。任凭你把这些件件学得精通，你能够成个人不能成个人还是个问题。”

教育的真谛不在于教会了学生多少知识和专业技能，而在于促使每个人都能拥有完善健康的人格、丰沛真诚的情感、高贵正直的品德以及超越自身的理想目标。

青年当热爱伟大祖国

“天下兴亡，匹夫有责。”在中华民族源远流长的精神长河里，报效祖国的文化基因始终存在。武有岳飞后背刺字、精忠报国，文有文天祥宁死不降、丹心报国。

爱国，始终是青年成长成才的基础。爱国主义，更是几千年来中华民族团结奋斗、自强不息的精神纽带。

在当代，作为青年企业家，我们应当如何热爱自己的祖国？

我们很幸运地出生在一个和平富足的年代，不需要流血牺牲、上阵杀敌，也不用以死明志。作为这个伟大时代的获益者，青年企业家多为祖国作贡献，这就是当前报效祖国的最佳方式。

为什么这样说？无非三点：企业的社会责任感、企业家精神、伟大时代的召唤。任何一家企业都是以盈利为出发点，因为盈利是维持企业生存与发展的物质基础。

创造利润固然重要，但在盈利的同时，企业还要有奉献精神和社会责任感。企业是国家经济发展建设中的排头兵，赚取了大量社会财富，更应当承担社会责任。企业自觉承担社会责任，不仅利国利民，也能促进自身健康可持续发展。

关于企业家精神，说法众多。然而，不管企业家精神的内涵如何变化，勇于承担社会责任、多为国家作贡献，都应该是企业家精神的重要组成部分。无论在什么时代，企业家精神的最佳体现都是社会责任感。

经济是国家发展的重中之重。当今世界，很多国家面临的问题都可归结为经济问题。而企业家群体，就是推动国家经济发展的重要活力。

我们的眼睛不能只盯着钱看，身为企业家，我们的肩上要能扛住担子，脚下要能迈开步子，为国家发展作贡献。在这方面，“玻璃大王”曹德旺是我们的学习榜样。比起他在汽车玻璃领域的卓越成就，人们更为佩服的还是他在慈善事业上的种种善举。作为“中国首善”，他曾经为社会捐出了人民币 60 亿元，这是迄今为止中国个人捐赠之最。

除了捐赠，他还坚持慈善项目必须落实到具体的人的理念探索和实践，坚持把慈善事业做好、做精、做透，为中国慈善事业贡献颇多。

2010 年，他通过中国扶贫基金会向西南五省 10 万贫困家庭捐款 2 亿元。为了保障捐款发到每一个应该收到钱的人手里，他与中国扶贫基金会签署了十分“苛刻”的捐赠协议：2 亿元善款应在半年内发放到 10 万农户手中，且差错率不超过 1%，如果基金会违约，将赔偿。此外，管理费不得超过善款的 3%。

签订捐赠协议后，曹德旺还通过成立监督委员会、请新闻媒体人全程监督的方式，要求基金会每隔 10 天就向他递交一次项目进展报告。由此，他开创了中国捐赠者对公益捐款问责的先例。

2011 年，曹德旺又将价值 35.49 亿元股票捐给由他创立的河仁慈善基金会，开创了中国基金会资金注入方式、运作模式、管理规则等多个第一。

谈及企业家精神，他说：“从不为到有为，从农民成长为企业家，我始终坚定做制造业，做负责任的企业家。

什么是负责任的企业家？负责任的企业家要始终以国家强大、社会进步、人民富足为己任，更要有社会责任感、有报效祖国的决心。”

作为青年企业家，我们必须有所作为，在充分发挥艰苦奋斗的创业精神、为企业谋发展的同时，也要为国家作贡献。

我们是怎么成为企业家的？绝对离不开国家政策和全社会的共同支持。因此，在企业做大做强的同时，我们应该心存感恩，通过做社会捐赠或者是志愿服务等方式来回报祖国。

试想，如果一个人脑袋里装的全都是钱，他永远也不可能成为企业家。作为企业家，一方面要树立榜样作用，鼓励大家走上创业创新之路；另一方面还要鼓励、带动更多的人具有奉献感恩、自立自强的企业家精神。如果每个企业家都能够做到，我们的祖国何愁不强大？民族何愁不振兴？

榜样的力量是无穷无尽的，能激励更多人拼搏努力。在推动社会物质进步的同时，企业家精神还能在社会上形成一股强大的正能量，推动精神文明的进步。

企业家的命运与国家、时代深深联系在一起，伟大的时代造就伟大的企业家。当前就是一个伟大的时代，躬逢盛世，我们更应该自强不息，成为有作为的企业家。

在实现中华民族伟大复兴、改革开放再出发的伟大历史阶段，在“一带一路”倡议、精准脱贫政策的指引下，青年企业家应该一起努力，为国家贡献出自己的全部力量和智慧。

作为当代青年企业家，在创造企业财富、扩大再生产的基础上，更要为国家创造物质财富和精神财富。

在物质财富方面，作为财富拥有者，我们应该主动承担社会责任，带动帮助更多的人就业创业、实现人生价值，为国家、社会做出贡献。

在精神财富方面，作为青年榜样，我们应该传递社会正能量，树立远大理想，肩负新时代赋予的重任，为实现中国梦不懈奋斗。

第三篇

家国情怀：大国崛起与个体之路

“ **得其大者可以兼其小。**

[北宋] 欧阳修《唐宋八大家文集 · 欧阳修》”

一滴水，只有融入大海，才不会干涸。一朵花，只有依附根茎，才不会枯萎。一个人，只有在国家和时代的洪流中奋勇争先，才能最终实现人生价值。

古往今来，无数仁人志士将个人命运与国家命运深深融合在一起，实现个人理想的同时，也为国家、民族做出了很大的贡献。西汉时，贾谊心怀国家，多次上书陈述政事，写出了“西汉一代最好的政论”——《治安策》。少年周恩来看清旧中国贫穷落后、任列强宰割的残酷现实后，下定决心要“为中华之崛起而读书”。中华人民共和国成立后，解放军战士雷锋全心全意为人民服务，他曾说：“我们是国家的主人，应该处处为国家着想。”

新时代的大门已经开启，当前，我国正处于实现中华民族伟大复兴的中国梦的宏伟征途上。作为当代青年，我们应该继承先辈身上的家国情怀，从“小我”的狭窄格局中跳脱出来，思考如何为国家和人民多做贡献，思考如何把个人理想同国家前途、命运更好地结合起来。

青年人的力量是无穷无尽的。100多年前，梁启超曾说：“美哉我少年中国，与天不老！壮哉我中国少年，与国无疆！”青年人是早上八九点钟的太阳，是国家之希望，民族之未来。

现在，复兴民族强盛国家之使命和重担已经落到了我辈青年身上。我们自当接过前辈的接力棒，不负历史所托，砥砺前行。

07　时代造就个人，国家决定命运

马克思认为，人的本质是一切社会关系的总和。个人总是一定社会情境的产物。个体的生存与发展，从时间上来说，离不开所处的时代，从空间上来说，离不开身处的国家。

时代机遇、国家命运对个体命运都会产生具有决定意义的深远影响。值此伟大盛世，我辈青年自当顺时代国家之大势而为，做出一番不凡成绩。

国家强，则个体强

时势造英雄。我们每个人都是时代当中的小小个体，时代为每个人的生存和发展创造条件。纵使一个人再聪敏，也要赶上了恰当的时代才能顺势而为，一展才华和抱负。

雷锋曾说："一滴水只有放进大海里才永远不会干涸，一个人只有当他把自己和集体事业融合在一起的时候才能最有力量。"同样的，一个人只有在时代的汪洋大海中激流勇进、力争上游才能最有力量。

时代造英雄，英雄也创造时代。在时代面前，个人并非毫无可为。在好时代面前，个人要尽可能充分利用时代所赋予的各项条件，努力实现人生价值，为时代和全人类做出应有的贡献。遭遇不好的时代，个人也要努力奋斗，有一分力则出一分力，让时代变得美好一点。

从世界范围来说，当今时代的主题是和平与发展。经过上千年的战乱与纷争，人类终于进入到比较和平稳定的历史阶段。在此时代大背景下，各国纷纷抓住机遇，专注发展政治、经济、文化、科学等各项事业。

另一方面，经过长时间的历史演进，人类已经从原始社会、农业社会、工业社会逐步过渡到如今的现代社会。当前，人类正处于有史以来生产力发展最快、水平最高的时期。无论从物质财富还是从精神财富上来说，现在这个时代都是一个非常美好的时代。

在和平与发展的时代主旋律下，个人不仅可以享受到大量物质财富和精神财富，还可以利用种种条件为时代创造出更多的物质财富和精神财富，以实现人生价值和理想。

从中国社会来讲，我们这一代人也无比幸运。在受尽了 100 多年的列强屈辱、历经改革开放以来的艰苦建设后，中国的综合国力大大增强，国际地位显著提高。当前，我们正进入一个崭新的建设时代。

何谓崭新的建设时代？即是指中国特色社会主义进入新时代。我们国家、我们民族从过往被屈辱、被打压的历史中站了起来、富了起来、强了起来。

只有国家富强，才能为个体创造和平繁荣的发展环境，才能为个体提供良好的发展机遇，从而推动人民安居乐业。

尽管世界的大趋势依然是和平，但在某些角落，不和谐的枪声仍不时响起。想象一下，如果没有祖国支撑的和平繁荣大环境，我们每个人的生活将会是怎样的？

弱国无外交。100年前，在巴黎和会上，大国列强们无视中国作为战胜国的正义请求，没有把德国在山东的权益归还中国，反而转交给日本，让中国又一次遭受屈辱。

对此，当时的中方代表外交家顾维钧愤怒异常，在拼尽全力都未能为祖国争取到正义时，他当即宣布拒绝在《凡尔赛条约》上签字。后来，他还在回忆录里提及此事："我很失望，最高委员会无视中国人民的存在，出卖了作为战胜国的中国。我很愤怒，我很愤怒，你们凭什么把中国山东省送给日本人……"

除开世界大背景，国家的强盛与否也决定了个体的命运发展。没有强盛的祖国做依靠，即使处于再好的世界大背景，对个体来讲也是无可依靠的坏时代。只有国家强，个体才能强，我们每个人才真正处于一个最好的时代。要想让受屈辱的历史不再重演，我们必须埋头求发展、强大自身。

身处新时代，当代青年究竟如何作为？

作为新时代的中国青年，我们置身于和平与发展的世界大背景中，置身于中华民族实现伟大复兴和改革开放再出发的关键历史节点，在如此美好的时代大背景下，我们还有什么理由消极懈怠呢？

在这个时代面前，失败不可怕，可怕的是我们浪费了这个美好时代所赋予的种种有利条件。这个时代给了我们无限的创造机会，给予我们无限的希望机遇，让我们能够无限地去遐想。

总而言之，无论创业、就业还是学习，我们都应该做这个时代的奔跑者和追梦人，我们每个人都要撸起袖子加油干。

一个有理想的青年人，应当把自己深深地融入时代的洪流之中，去奋斗，去创造。在这个伟大的时代面前，我辈青年要自强不息，成为一个更有作为的当代中国青年。

中国崛起的力量

“江山代有才人出，各领风骚数百年。”现在，100 年，似乎成为各个国家各领风骚的规律。葡萄牙从伊比利亚半岛崛起成为世界第一个全球性帝国，此后，西班牙、荷兰、法国、英国纷纷接替，各领风骚。

今天，距离美国成为世界领头羊已经过去 70 多年。在即将到来的百年交界点，或许你会思考，下一个领头羊将会是谁？

从一穷二白到世界第二大经济体，中国崛起的力量让世人不禁赞叹。纵使中华人民共和国在满目疮痍中诞生，经济基础极其薄弱，但让我们把目光聚焦在前后几十年的对比当中，看看国家统计局的一组数据：1978 年中国全国国内生产总值为 3645.22 亿元，全国人口 96259 万人，人均国内生产总值只有 381.23 元，排名世界倒数，而 2018 年中国全年国内生产总值达 900309 亿元，全国大陆人口 13.95 亿人，人均国内生产总值 64644 元，这也是中国经济总量首次上 90 万亿元，成为世界第二大经济体。①

百业兴旺，产业结构优化升级。尤其值得一提的是，我们的农民不再靠天吃饭，粮食总产量由中华人民共和国成立初期的 11318 万吨，增加到 2018 年的 65789 万吨。工业发展模式告别单一，走向多样化，拥有联合国产业分类中的全部工业类型。

国家的发展路越走越长。看得见的道路——铁路，在 2018 年末，营业里程达 13.1 万公里，比 1949 年增长 5 倍。其中，高速铁路达到 2.9 万公里，占世界高铁总量的 60% 以上。看不见的路——移动宽带路，2018 年，我国移动宽带用户达 13.1 亿户，基本建成全球最大的移动宽带网。②

---

① 国家统计局："2018 年我国经济运行总体平稳、稳中有进"，https://baijiahao.baidu.com/s?id=1623322975113682883&wfr=spider&for=pc.

② "从一穷二白达到世界第二大经济体，看 70 年的新中国发生什么跨越"，http://m.news.cctv.com/2019/07/03/ARTIanHu2H9XcbMmqZx0zZV5190703.shtml.

在中华民族伟大复兴的历程中，中国在世界上的地位早已发生翻天覆地的变化。今天，世界的目光再次朝中国聚拢，国家的综合实力不断增强，国际地位不断提升，推动世界格局在短短几十年间发生改变。

那究竟是什么力量让中国能在大起大落间不断崛起，重新树立大国形象，在短短 40 余年时间，实现经济总量翻百倍的跨越？

中国特色社会主义是改革开放新时期开创的，也是建立在我们党长期奋斗基础上的，是由我们党的几代中央领导集体团结带领全党全国人民历经千辛万苦、付出各种代价、接力探索取得的。

过去，我们一直处在落后挨打的境遇。后来，我们一路追赶、奔跑。经过几十年的艰苦建设，在党和人民群众的共同努力下，近代以来我国内忧外患、积贫积弱的悲惨命运得以扭转。在中国迅速崛起的当下，拥有五千多年文明历史的中华民族终于重新屹立于世界民族之林。

今天，我们在很多领域已经成为引领者，这就是中国崛起的力量。现在，抬眼看看我们身处的这个国家，领先的姿态已经渗透在各个行业。

2017 年，风投数据公司 CBInsights 发布“2017 年度全球最具价值独角兽榜单”，全球最具价值的 197 家“独角兽”公司榜单里，中国有 49 家企业上榜，占比 21%，而在全球 15 家超级独角兽公司，即“十角兽”公司中，中国占到 6 家，分别是：滴滴出行、小米、陆金所、新美大、今日头条和大疆创新。[①]

就行业分布来看，独角兽分布数量最多的行业在创新、高新、金融科技等领域。这些诞生于创新时代、具有创新思维和全球市场竞争力的独角兽公司，是国家经济发展与民族复兴的重要支点，意味着财富、创新、行业竞争力以及富足的潜在市场空间。

随着数字化时代的来临，从物联网到共享经济，从生命经济到人工智能，中国企业在电子商务和金融科技领域有强劲的增长势头。创新驱动中国经济更具国际竞争力，高铁技术、全球化的阿里巴巴、华为的 5G 技术纷纷唱响世界，中国开始走向无现金社会、智慧国家的前沿。

下一个百年交界的关键节点，到底是哪个超级大国会引领风骚？时间会给我们答案。

毋庸置疑的是，身处在当下快速变化发展的中国，我们个体也应当抓紧机遇，奋斗崛起。

有人说，中国企业家群体可以说是伴随着中华民族伟大复兴成长起来的，没有 40 年前的改革开放提供的历史机遇，无数的企业家不会有如今的成就。

---

①　毛大庆：“成为独角兽的意义不在于垄断，而是创新”，http://www.jjckb.cn/2017-11/01/c_136719572.htm.

今天，我们这一辈的青年企业家赶上了更好的时代。站在改革开放再出发的新时期，个体崛起的机会伴随着国家综合实力的增强而增加。我们每一个人又当如何抓紧机遇？

奋斗的青春便是抓紧机遇的最好青春。

抓住机遇，前提便是奋斗。唯有努力奋斗，把人生理想与国家事业结合，才能在新时期的中国建功立业。

机会永远留给有准备的人。当你因循守旧、倦怠落后、满足现状，生活也会将你抛诸脑后。青年有着大好时机，只有你不断丰富自己的实力，武装自己的能力，才能跟上时代的机遇。

迈稳脚步，踏实做事是我们每一个青年实现人生理想的脚下路径。机遇千千万，唯有脚踏实地，一步一个脚印才能真正抓住机遇，书写自己的别样人生。

今天的世界格局再也不是100年前的模样，我们的国家作为世界第二大经济体，崛起的力量影响着我们每一个身处其中的中国人。国家崛起，个体才有更多崛起的机会。身处在这个时代的我们，面对着无处不在的机遇，当让青春之花绚烂绽放。

时代已至，使命必达

“五四”是中国青年的盛大节日。五四精神，代表着中国青年一代的恢弘气度和远大梦想，代表着国家之希望、民族之未来。

何谓五四精神？爱国、进步、民主、科学。

100 年前，中国正值内忧外患之际，一场由先进青年为先锋、各阶层人民群众广泛参与的反帝反封建爱国运动轰然爆发了。由此，中华民族揭开了彻底反帝反封建的序幕。在这场伟大的运动中，中国青年奔走呼告，为拯救民族危亡、捍卫民族尊严、凝聚民族力量而持续发声。

对于五四青年的力量，李大钊曾赞美说："青年之字典，无'困难'之字；青年之口头，无'障碍'之语；惟知跃进，惟知雄飞，惟知本身自由之精神，奇僻之思想，锐敏之直觉，活泼之生命，以创造环境，征服历史。"

如今，恰逢五四运动百年之际，我辈青年自当继承先辈精神，将伟大的五四精神发扬光大，并源源不断地注入时代活力，不断赋予五四精神新的内涵。

新时代中国青年要继续发扬伟大的五四精神，以实现中华民族伟大复兴为己任，不辜负党、民族及时代所托。

改革开放以来，中国经济实力迅速提升，综合国力不断增强。今天，中国特色社会主义进入新时代，实现中华民族伟大复兴、建设富强民主文明和谐的社会主义现代化国家目标的时刻就在眼前。

时代已至，使命必达，中国青年大有可为，也必将大有可为。青年是中华民族的希望，作为新时代国家建设的中坚力量，我们要自强不息，充分发扬青年人的先锋作用，成为一个更有作为的当代青年。

那么，作为这个新时代的主人翁，作为一个有理想的青年人，究竟如何把自己深深地融入民族复兴的时代洪流中，去奋斗、去创造？在全新的时代大背景之下，我们应该如何再度点燃五四之魂呢？

重燃五四之魂，当代青年人应该做时代的奔跑者。无论创业、就业还是学习，我们都应该全力拼搏。当年青年要有远大的抱负理想，要有深厚的家国情怀，把个人理想与实现民族伟大复兴的理想融和在一起。

依托时代发展的大背景，在发展提升自我的同时，青年人也要成为中华民族伟大复兴的助力因子。我们要大步向前走，响应时代召唤，“撸起袖子加油干”，践行新时代新青年的使命。

重燃五四之魂，当代青年要有担当精神和顽强意志。“天将降大任于斯人也，必先苦其心志，劳其筋骨，饿其体肤。”民族的伟大复兴并不是一件容易事，作为这个时代的中坚力量、民族发展的希望，青年人要不断丰富提升自己，深入学习贯彻习近平总书记对新时代中国青年提出的六点希望，树立远大理想，热爱伟大祖国，担当时代责任，勇于砥砺奋斗，练就过硬本领，锤炼品德修为。

作为青年企业家，我们要将国家发展与个人理想不断融合，紧跟时代潮流。在亚洲文明、世界文明不断发展交融的过程当中，我们将筹备发起成立的中国多彩文明发展基金会立足亚洲、面向世界，以完成做文明的传承者、守护者以及贡献者的使命。

其中，我所带领团队的使命就是助推中国文明、向世界讲好中国故事。为此，我们未来会打造一个世界级文化传媒集团，并逐步构建海外发展战略平台，让全世界能够听见更多中国青年和中国文化的声音，感受中国文化的魅力，助推中国文化走向世界。与此同时，我也会担当起应尽的社会责任，穷尽智慧和力量去做好公益，为中国和世界公益事业添砖加瓦、奉献力量。

上市不是我们的梦想，那只是一个过程；挣钱不是我们的目标，那只是一个数据。作为青年一辈，创造财富的最终目的和理想是为中国文化、亚洲文化乃至世界文化做出贡献，去帮助更多的人，这也是我们身为青年人的使命。

作为生在这个时代的青年，与前辈们相比，我们十分幸运。现在，我们拥有前辈的精神遗产、安稳的环境、发展的机会、富强的国家，还有什么理由懈怠呢？在距离实现中华民族伟大复兴目标越来越近的当下，我们应该参与其中、奉献力量，在继承前人的基础上不断前行，这才是我们当代青年人应该做的事情。

中国复兴已到达一个最好的时代，它为青年提供了无限的机会和无限的希望。总而言之，时代在召唤，青年人是承接起使命的时候了。

“两个一百年”，实现中国梦

改革开放40年来，中国发生了翻天覆地的变化。无论是国家经济发展水平还是人民生活水平，都得到了显著的提高，我国已经成为世界第二大经济体。

德国《世界报》曾经评价：“全球没有任何一个国家像中国一样，个人能在社会主义市场经济中快速地创造大笔财富。”

“东风好作阳和使，逢草逢花好发生。”今天，我们处在一个人人敢做梦、人人能圆梦的好时代。

每个人都有梦想和追求，每个人都有憧憬和渴望。现在，中国梦成为人人谈论的梦想。什么是中国梦？习近平总书记把“中国梦”定义为“实现中华民族伟大复兴是近代以来中华民族最伟大的梦想”，并且表示现在“比历史上任何时期都更接近、更有信心和能力实现中华民族伟大复兴的目标”。实现中华民族伟大复兴的中国梦，需要一代又一代的中国人接过接力棒，共同为之努力。身处在这个时代的我们，都是这场接力赛的选手，都当为这个伟大梦想而奋斗拼搏。

我们都熟知“两个一百年”。第一个一百年，是到中国共产党成立

100年时（2021年），要全面建成小康社会；第二个一百年，是到中华人民共和国成立100年时（2049年），要建成富强、民主、文明、和谐、美丽的社会主义现代化国家。

“两个一百年”的奋斗目标与中国梦一起，相辅相成，成为引领中国前行的时代号召。

每个人的前途命运都与国家的前途命运紧密相联。国家强，则个体强。身为青年企业家，我们更加深刻地明白，作为社会大循环中的一个微小分子，企业的发展壮大离不开社会各界的鼎力支持，离不开党和政府所营造出的良好商业环境。

改革开放40年来，中国孵化出了太多的企业家，创造出了太多的财富神话。试想，如果没有改革开放的伟大政策，如果没有中国14亿人的广阔市场，如俞敏洪、马化腾等企业家们还能否是今天这般面貌？包括我在内，又能否从山村走出，实现企业家梦想？

中国梦的实现需要汇聚我们所有人的力量。身为国家的一分子，中国企业家中的一分子，助力中国梦是我们每一个人的责任。

宗庆后是我最为敬佩的商界前辈之一。他的家国情怀，助力国家发展的态度和做法，绝对称得上榜样。

作为娃哈哈集团的创始人，他白手起家，曾分别在2010年、2012年、2014年三次问鼎《福布斯》富豪排行榜，登上中国内地首富的宝座。

然而，他身上最让我肃然起敬的地方并非财富，而是始终如一的那份家国情怀。

2013 年，宗庆后在京召开议案发布会。新闻会上，面对一众记者的长枪短炮，他回应了流传许久的“绿卡问题”，郑重声明：“我没有外国国籍，也没有外国绿卡，今后也不准备移民到国外去。因为我不懂外语，不适应外国的食品，我在国外待着也是没有意思，我在国内生活得很好，这里有我的事业，所以我绝对不会去移民到国外。”

站在改革开放再出发的历史阶段，作为中国企业家，作为青年，我们应该有家国情怀。不管未来我的企业做得多大，我始终秉持一点，我个人绝对不会移民。

个人梦连着中国梦，一个个优秀的企业家、行业精英、技术骨干为中国梦注入了不竭的动力。现在，我们为中国梦做出的努力已经显现成效。

2015 年，中国南车与中国北车正式合并为“中国中车股份有限公司”。这一合并将推进“中国制造”向“中国创造”的转变。

2018 年，中国互联网巨头腾讯和阿里巴巴跻身全球最具价值品牌排行榜前十位。腾讯仅次于谷歌、苹果、亚马逊和微软。①

---

① “从中国制造到中国创造，中国国家品牌价值位居全球第二”，https://finance.china.com/domestic/11173294/20181015/34161600.html.

2019年，华为率先进入5G领域。中华有为，这家曾获得国家质量领域最高荣誉企业的产品研发能力得到了认可。中国企业的产品研发能力发生了历史性的蜕变。[①]

从“制造”到“创造”，从“贴牌”到“品牌”，从“跟跑”到部分领域实现“领跑”。这正是弘扬民族精神，凝聚中国力量，实现中国梦想的充分体现。

作为一名有全球格局的新时代青年，未来，我们都将会在全球各地做事创业，到全球各地寻找志同道合的合作伙伴，甚至还会在全球各地投资。

在全球化进程日益加速的今天，企业无国界、技术无国界逐渐成为共识。但是，作为新一代的企业家，我们应该接过老一辈的光荣传统，在关键时刻抵制住诱惑，承担起国家重担和民族责任。我们要在各行各业创造出各种财富，并将这些财富用于造福祖国和整个人类。

“中国梦”承载着为开创中国特色社会主义道路艰辛探索的伟大历程。

回首中华人民共和国成立初期，全国人民在党的领导下，为建设繁荣昌盛的社会主义现代化国家而奋斗努力。

---

① 孙力科：《任正非传》，浙江人民出版社2017年版。

今天，我们正在为实现“中国梦”而努力。第二个一百年，我们在中国特色社会主义道路上继续奋勇前行，改革开放让我们走上飞速发展的道路，我们比历史上的任何时期都要接近“中国梦”的实现。

青春理想、青春活力、青春奋斗，是中国精神和中国力量之所在。作为青年人，作为青年企业家，我们每个人都要争做中国梦的追梦人、圆梦人，为实现中华民族伟大复兴的梦想艰苦奋斗、砥砺前行。

08　新时代开启，青年必须拥有红色信仰

新时代、新使命、新梦想，呼唤着新一代青年勇敢上路。

作为新时代的中国青年，我们必须顺应时代国家之大势而有所作为。在中华民族伟大复兴和改革开放再出发的关键节点，我们应该在实践中早日成长为有信仰、能吃苦、不负使命的时代追梦人。

相信信仰的力量，追随红色洪流

无论对于个人还是集体而言，精神信仰的力量都非常强大。二万五千里长征，红军战士们翻雪山、过草地、飞夺泸定桥、强渡大渡河……所有人风餐露宿、衣裳单薄。在炮火连天、烽烟四起的时刻，老一辈依旧能咬牙坚持，靠的就是推翻旧世界，建立新中国的伟大理想。

法国大文豪雨果曾说："信仰，是人们所必需的。什么也不信的人不会有幸福。"信仰，是一个人心灵栖息之所。没有信仰，一个人终究是不完整的，他的喜怒哀乐、言行举止全无厚度灵魂可言。

一个人要树立起信仰相对容易，而一大群人要达成共同的信仰则非常不易。即便暂时达成了，如何长久地维持下去也很考验领导者的智慧。

一个组织的所有成员只要能够在一定时间内怀有共同的精神信仰，

并为之团结起来共同奋斗，那么在此过程中，这个组织的所有成员就会像一股绳般越拧越紧，并持续向外释放出所向披靡的强大能量。

回顾我们老一辈革命者们，他们走过抗战岁月，在生死一线中抗击侵略者。他们走过一穷二白的艰苦岁月，在国力薄弱的时代中作出改革开放的伟大决策。

信仰的力量支撑着中华民族一代又一代奋勇前行。今天，身处在这个新时代的我们，依旧怀揣着共同的信仰，为实现中华民族伟大复兴而奋斗。

18 岁时，我有幸怀着崇高理想加入中国共产党，成为当年全校入党年龄最小的两名党员之一。10 余年党员生涯中，红色力量伴随着我，艰苦奋斗鼓励着我，吃苦耐劳助推着我走到今天。

今天，精神信仰的作用同样不容忽视。作为青年一代，什么样的人才能成为我们一生的榜样？我想，有赤子之心、爱国热情的人才是真正的“明星”。

不论是国家发展，抑或是企业发展，甚至是个人的成长，我们都不能否认信仰的力量。正确信仰的引领作用，将能产生出排山倒海的能量。相信信仰的力量，追随红色洪流，我们要以正能量和红色文化引导当代青年的人生。

在红色信仰的熏陶下，让“撸起袖子加油干”“我们都是追梦人”“做时代的奔跑者”这些口号内化，让自己成为踏实勤奋、积极向上的中国新青年。让浩然正气和红色力量积聚深化，激励我们在工作和生活当中努力成为他人学习的榜样。

身为当代青年企业家，我们如何让信仰的力量内化于企业，传递到公司的青年中去？

我是红色信仰的受益者，深知信仰能够带来取之不尽用之不竭的力量。我公司成立之初，党小组便已成立，党建根植于企业文化，也成为企业发展的“红色引擎”。

公司园区整面院墙，100 位公司提倡的榜样陈列其上。行走一圈，你会遇到钱三强、袁隆平、杨振宁、詹天佑、屈原、李白、杜甫等人。

在时代和社会不断发展进步的今天，企业的党组织建设越来越重要。开展党建工作绝不只是国有企业独有，所有的非公企业都可以根据自身情况开展各具特色的党建活动。

一方面，我们企业家要继续发挥示范带头作用，弘扬企业家精神，勇于创新、不断进取，把党建的精神动力转化为企业发展的无穷活力。另一方面，要把爱党、兴党、护党贯彻落实到经营管理各项工作中，履行责任、敢于担当、服务社会，积极投身国家重大战略。

追随红色洪流，打造企业核心信仰力量。从组织架构看，随着企业的不断发展，我们应当不断完善相关党组织结构，陆续成立起工会、志愿者服务队。让党建工作深深根植企业文化，成为企业发展名副其实的“红色引擎”。

人才是社会和企业发展进步的关键。因此在企业内部，培养机制也不容忽视。党员队伍建设是企业组织建设的基础，关系到企业的发展、改革。我在公司初步建立时，就开始进行“把党员培养成优秀员工、把优秀员工培养成合格党员”的双培机制。

双培机制，不仅将基层党员党组织推到先进生产力的发展前沿，也能为党吸收企业优秀人才。

在双培机制下，公司里的党员起到了先锋模范作用，促使更多员工向他们学习看齐，整个团队也因此变得团结进取。创业之初，公司只有我一名党员。通过双培机制，我们鼓励培养入党积极分子，培养优秀党员成为企业优秀人才。

做时代的奔跑者。我们企业定期集中组织学习习近平总书记的重要讲话。在交流领悟中，学习如何将精神动力转化为企业活力，推动企业发展进步。

红色力量是支撑老一辈艰苦奋斗的精神动力。凝聚红色力量，更能助推企业健康发展。开展爱党爱国、自立自强红色活动。比如回顾长征历史、回顾改革开放历史等，让我们年轻一辈铭记历史，坚定信仰的力量。

今天，在新时代的中国，将红色文化注入企业发展，助推企业向上生长。在公司，我们每个员工至少会唱10首红歌、阅读10本红色图书。组织员工开展红色旅游，包括去邓小平故居、毛泽东韶山故居、梁家河等。在这种红色文化的熏陶之下，我们去除浮躁之气，踏实勤奋。

10多年的党员历程中，这种红色信仰的力量一直鼓励着我，助推着我一步步走到今天。

今天，相信信仰的力量当被提到时代高度。不断地传递学习这种红色力量和红色文化，在人与人之间能够形成一种强大的正能量洪流。

少年强则国强，追随红色洪流，相信信仰的力量，助推中国青年砥砺奋进。让一股浩然正气的红色力量逐渐积聚深化，激励着我们中国青年在工作和生活中努力成为榜样。

吃苦耐劳，成为“关键的少数”

1962年冬天，焦裕禄来到河南兰考县时，兰考县内涝、风沙、盐碱“三害”正在肆虐。他任劳任怨，带领兰考县人民治沙、治水、治碱，即使身患肝癌，忍着剧痛也要坚持工作，铸就了“焦裕禄精神”。

后来，焦裕禄的肝癌越来越严重，病榻上，他说：“把我运回兰考，埋在沙堆上。活着我没有治好沙丘，死了也要看着你们把沙丘治好。”1964年5月14日，积劳成疾的焦裕禄因病逝世，年仅42岁。

“为官一任，造福一方，遂了平生意。”

“关键少数”的核心精神就是吃苦耐劳。吃苦，是共产党人的传统。在我党的历史发展轨迹里，无论是从战争年代到建立中华人民共和国，还是进入改革开放新阶段，每一次发展背后的主旋律永远都是吃苦耐劳，艰苦奋斗。

回顾10多年党员生涯，共产党人吃苦耐劳的传统也深深地影响了我。

我是一名青年企业家，更是一名共产党员。对于国家而言，发挥党员领导干部“关键少数”的作用，发扬吃苦耐劳的精神力量，才能做到全心全意为人民服务。对于企业而言，在平凡岗位上踏实肯干，专注扎实地完成工作是一方面，同时，更要发挥企业内部党员的模范作用，在平凡的岗位，做出不凡的事情。

“关键少数”，是企业创业发展的方向盘。在与各行各业的企业家交往当中，我非常明确地感受到，实力更强、管理更优质的公司里，党建工作无一例外都开展得有声有色，党员作为吃苦耐劳的“关键少数”更是发挥着榜样的作用。

在团队当中，党员成为更有担当、更有理想、更能吃苦耐劳的“关键少数”，更多时刻做表率，起带头作用。2016年，我们企业内部进行多元化发展，朝传媒领域布局。当时，面对新行业新设备新技术，我牵头成立的研发小组里有一半党员，大家心往一处想，力往一处使，将原定三个月研发周期缩到半月，成功为公司抢占市场先机。

在民族复兴、大国崛起的今天，中国创业企业拥有的机会、市场以及政策环境，都是无可比拟的。我们在最好的时代，更要发挥吃苦耐劳的精神，做好身为党员领导干部“关键少数”的带头作用。积极培育思想素质较高、群众认可度高的人才，为企业发展积蓄后备军，让整个团队形成积极进取的风潮。

在企业里，每个人都应该争当“关键少数”，脏活累活主动揽，快乐留给大多数。在事业上积极进取，在岗位中踏实肯干，在生活中乐于奉献，在润物细无声中形成一股强大的红色正能量洪流。

一位优秀的共产党员必然要有吃苦耐劳的精神品质。我们身为党员，更应知道先辈党员吃苦耐劳、艰苦奋斗才翻开了中华人民共和国的篇章。

有所付出，才有所回报，吃苦耐劳为我们带来的是知识、技能、经验的不断丰富与提升。同时更要发挥榜样的力量，带动更多人养成吃苦耐劳的优秀品质。

作为优秀党员，我们更应该为创造美好生活而拼搏努力，主动立标杆、做示范。将吃苦耐劳形成风尚，凝聚万千力量，为实现中华民族伟大复兴而奋斗。

作为青年企业家，我们更应该不忘初心，砥砺前行，把个人创业梦与社会责任紧密融在一起，把“关键少数”的精神弘扬发展。

2007 年，对养殖业一窍不通的我，敢于踏入创业洪流，为自己的人生去打拼，背后是一股强大的精神力量在指引着我。

从零开始，一步步学习陌生领域中的一切，这背后体现的不正是吃苦耐劳的品质吗？一个 19 岁的少年能够做到一步一个脚印，成为大学生自立自强的代表。新时代下的中国青年们，你们也同样可以做到。

就算是从云端跌落谷底的时刻，我也提醒自己世上没有绝望的处境，只有绝望的心境，继续发扬共产党人优秀的吃苦耐劳品质，最终实现逆风翻盘、向阳而生。

在多数人发出质疑的时刻，我依旧坚定自己的理想信念，坚定创业的选择，最终帮助和引领更多的有志青年，勇敢地走上创业的道路，为自己的人生拼搏。

时代永远不会辜负吃苦耐劳的人。一名优秀共产党人，一位青年企业家代表，作为“关键少数”，更要充分发挥引领作用，将乐于吃苦、敢于吃苦、善于吃苦融入日常，为大家做榜样、树标杆。

“关键少数”是治国理政的一个重要关键词。只有“关键少数”做表率，才能形成“头雁效应”。抓“关键少数”，既是抓责任又是抓榜样。

不论是国家还是企业，抓住“关键少数”，就是抓住发展的重心。

今天，中国特色社会主义进入新时期，“关键少数”的责任更加重大。我们每位青年当争做榜样，争做“关键少数”，为时代发展交出一份青年的绚丽答卷。

不忘初心，牢记使命

“我梦见我们种的水稻，长得跟高粱一样高，穗子像扫把那么长，颗粒像花生米那么大，我和助手们就坐在稻穗下面乘凉……”这个水稻梦，袁隆平一做就是好几十年。

2005 年，联合国世界粮食计划署正式宣布从 2006 年起停止对华粮食援助。从此，中国 26 年的粮食受捐赠历史画上了休止符，并开始对外援助捐赠粮食。在这一过程中，袁隆平研究出的杂交水稻起到了决定性作用。杂交水稻问世后，中国以占世界不到 10% 的耕地养活了占世界 20% 的人口，为消除世界饥饿人口做出了巨大贡献。

为了让老百姓吃饱肚子，袁隆平带着助理努力开展水稻杂交实验。经历了千辛万苦，终于在海南找到了不育植株“野败”。之后，他和助手花了整整 6 年，先后用 1000 多个品种，做了 3000 多个杂交组合，都没有培育出不育度均达 100% 的水稻苗。

不忘初心，方得始终。攻克了无数难关后，1973 年，袁隆平发表论文《利用“野败”选育“三系”的进展》，正式宣告籼型杂交水稻“三系”

配套成功。在袁隆平的不懈坚持下，中国的粮食安全有了保障，老百姓的吃饭问题解决了。

在任何年代，青年人都是国家的希望和未来，必须牢记历史所赋予我们的使命，不忘初心。还是青年时，袁隆平没有忘记自己的历史使命。所以，他努力工作、日夜奋斗，终于研制出了杂交水稻。

今天，我们身边还有很多不忘初心、牢记使命的优秀榜样。比如，人民警察、白衣天使、新闻工作者、公交司机等。他们将人民群众的利益看得高于一切，他们牢记国家和历史所赋予的使命，在各自的岗位上绽放出耀眼的光彩，为了中华民族的伟大复兴而努力，为了实现中国梦而奋斗。

不忘初心、牢记使命，或许是面临困难和挫折时心底的坚持，或许是面对诱惑时内心坚守的方寸，或许是坚定的信仰，又或者是前行道路上不灭的明灯。这不仅是普通中国人的时代使命，更是共产党员的终身课题。

作为一名共产党员，我们应当不忘初心、牢记使命。我会继续带着我的初心，怀揣着使命，带领蓝骄传媒走好新的征程，做更有影响力的事情。作为“中国青年名片”，我应该去承担相应的民族使命和担当，通过筹备中国多彩文明发展基金会推动亚洲文明的交流合作，在世界舞台上更好地向国外友人传递中国文化、讲好中国故事。

从一无所有到如今具有相当规模和影响力的综合型集团化公司，一路走来，蓝骄传媒的成长离不开社会各界人士的帮助，更离不开党和国家的关心与支持。可以说，蓝骄传媒取得的一切成就都是党和国家赋予的，我们也将为社会和国家创造更高的价值。

我们坚持常态化开展学习和“富脑”行动，深入学习党的知识和“习近平新时代中国特色社会主义思想”，并用党员的标准规范自身言行，以做到内化于心外化于行。我相信这股红色引擎的伟大力量。信仰的建立需要一个“润物细无声”的过程，“近朱者赤，近墨者黑”，这就是蓝骄传媒的初心。我们一直坚持“不忘初心，认真前行”，切实做到爱党、信党、护党、跟党走。

7 年来，蓝骄传媒坚持不忘初心。通过讲红色信仰和红色文化，我们的每个员工逐渐从陌生到熟悉，从知之甚少到知识丰富。最终，这个不忘初心的红色引擎所产生的伟大力量在公司开始影响着每一位员工。在公司未来的发展过程中，我相信，这股红色引擎所带来的持续性爆发力将是无可估量的，它将彻底激活整个蓝骄传媒。

每一位在各行各业忙碌的人，在平淡中认真生活的人，在浪潮中激流勇进的人……从平凡的个人小梦想，到我们伟大的中国梦，只要我们不忘初心，踏踏实实地努力，迟早能够看见梦想实现。

中国青年有自己的责任担当和青春之美。我们有理想有热血，无惧困难，敢于创新，我们是中国向上的力量。

中国的企业，有立足世界的底气，有自主创新的能力，有丰富的企业文化和企业精神，亦有足够的社会担当去服务奉献。

一直以来，以爱国主义为核心的团结统一、爱好和平、勤劳勇敢、自强不息的伟大民族精神激励着一代代中华儿女。中华民族历经数千年风霜依然屹立，并且不断汇聚着民族复兴的磅礴力量，我们已然走上崛起之路、复兴之路。

中国拥有光明的未来。不忘初心，牢记使命，在每个人的不懈努力之下，我们一定能看见宏伟蓝图全都实现的那一天。

担当时代责任

新时代新气象，也呼唤新作为。当前，中国特色社会主义建设进入了新时代，这是我国发展新的历史方位。

新时代新在何处？

当前，我国社会的主要矛盾已经转化为人民日益增长的美好生活需要和不平衡不充分的发展之间的矛盾。主要矛盾的变化，标志着我国发展全局的历史性变化，对各项工作的开展也提出了许多新要求。

在今后，全面建成小康社会、全面建设社会主义现代化强国将会是新时代的历史任务和战略安排。

具体说来，就是在 2035 年基本实现社会主义现代化时，全体人民朝着共同富裕迈出坚实步伐。到 21 世纪中叶，我国建成富强民主文明和谐美丽的社会主义现代化强国时，全体人民共同富裕也要基本实现。

当前，在经济发展上，随着新兴产业的蓬勃兴起，我国传统产业加快转型升级。随着大众创业、万众创新广泛开展，科技引领型的经济发展模式已经在我国初步建立。由此可见，在新时代，中国经济的发展前景广阔。

中国梦不仅是国家的梦，也是个人的梦，不仅是现在的梦，更是贯穿历史和未来的永恒的梦。

在世界舞台上，随着国际地位的不断提高，我国在国际事务中发挥着日益重要的作用，重大国际问题的解决越来越离不开中国的参与。

对于青年来说，这是个什么样的新时代？

我们遇上的是这样一个好时代：每个人都有机会实现自己的梦想，每个人都有可能成为时代的弄潮儿。信息技术的高速发展让世界真正缩小成一个地球村。

你可以真真切切地感受身边的变化，中华民族复兴在望。

我们的航天梦越做越大。2019 年，嫦娥五号实现我国首次月球采样返回。这次航天发射任务技术难度大、系统复杂，是完成探月工程“绕、落、回”的关键一步。北斗卫星导航工程将完成 7 箭 10 星发射任务，为 2020 年全面完成全球组网建设做准备。另外，长征十一号海上发射和捷龙一号商业运载火箭实现首飞，长征系列运载火箭累计发射次数将突破 300 次。

我们的高铁梦越做越大。经过 10 年发展，我国高铁营业里程已达 2.9 万千米，超过世界高铁总里程的 2/3。目前，我国已成为世界上高铁里程最长、运输密度最高、成网运营场景最复杂的国家。随着我国高铁速度等级的不断上升，高铁带来的便利生活已覆盖到全国 180 个地级市、370 余个县级城市。

此外，航母、人造太阳等各项科技发展势头良好，人工智能、5G 时代向我们招手。现在，中国的新四大发明高铁、扫码支付、共享单车和网购开始走向世界，越来越多且日益深刻地影响着世界人民的生活。

1990 年以来，中国派出维和人员 3.9 万余人次，参与维和任务区道路修建工程 1.3 万余公里，接诊病人 17 万多人次，完成武装护卫巡逻等任务 300 余次。其中，中国海军“和平方舟”号医院船已访问 43 国，惠及当地民众 23 万余人次。

在外交上，中国始终不渝地奉行独立自主政策，为解决国际争端、地区冲突和打击恐怖主义等做出了积极贡献。当今，中国已成为维护世界和平与稳定的重要力量，在世界上成功树立起一个负责任的大国形象。

新时代开启了新篇章，中国就此迈向新征程。我们迎来了从站起来、富起来到强起来伟大飞跃的新时代，迎来了中国为世界和平与发展贡献智慧与力量的新时代，迎来了在新发展理念引领下更加注重平衡的新时代。

新时代，中国青年要有什么样的精神状态？要实现什么样的宏伟目标？

青年兴则国家兴，青年强则国家强。在新时代浪潮中，我们既面临新的机遇，也面临新的挑战。当前，我们要勇立潮头敢为先，撸起袖子加油干！在奋斗路上，我们需要谨记：不忘初心、脚踏实地、爱党爱国、自立自强、创造价值、奉献社会！

在新时代背景下，我们要把握新要求，跟上新时代。新时代呼唤新状态，要求我们不断创造新业绩。“自信人生二百年，会当水击三千里。”我们要树立远大理想，热爱伟大祖国，担当时代责任，勇于砥砺奋斗，练就过硬本领，锤炼品德修为。

“雄关漫道真如铁，而今迈步从头越。”历史的车轮滚滚向前，时代的潮流浩浩荡荡，新时代的宏伟蓝图已经绘就，新时代的伟大征程已经开启。我们的前景一片光明，面临的挑战也十分严峻。

我们的梦想，十几亿中国人的梦想，熔铸成新时代的中国梦。我们相信它会实现，所有的中国青年都必将以永不懈怠的精神状态和一往无前的奋斗姿态，朝着目标奋勇前进，闯关夺隘，奋力开创新局面，努力实现中国梦。

09 创新者的探索

“苟日新，日日新，又日新。”

创新于个人，是走出舒适区的大胆突破；于企业，是生死存亡的关键；于国家民族，是强盛富裕的重要前提。

创新之旅不可能一帆风顺，总是困难重重，伴随着各种挑战。然而，创新不可不为。作为新时代青年，我们必须勇敢创新，大胆地打破旧事物，然后再大胆地创造出新事物。

创新注定艰难

创新是一场未知的冒险。在这个过程中，你必须要有勇气彻底打破约定俗成的一些东西，可能损害到一部分人的利益，也可能对大部分人的既定认知发起挑战。不是所有的创新都会成功。如果你的创新之举和时代的需求不符合，也会遭到人们的质疑和反对，进而遭到失败。因此，无论成功与否，创新都是一个注定艰难的过程。

为什么现在的企业和企业家们总在谈论创新？因为在这个江海横流传统行业纷纷改造、创新不断的时代，他们有强烈危机感，大家都争相做体制创新、产品创新、技术创新，等等。创新这一条路注定不平凡，也不平坦。

虽然艰难，但无论对于国家、企业还是个人来说，创新都将是势在必行、不可不为。

以海尔为例，在中国刚刚实行改革开放之时，很多企业只重视产量，海尔率先提出实行全面质量管理，一锤子砸碎了“产品分特等品、一等品、二等品”的陈旧观念。之后，海尔又在业内率先实施多元化发展战略、OEC 管理法（Overall Every Control and Clear，全方位优化管理法)等创新措施。中国加入 WTO 后，海尔坚持“走出去不是为了创汇，更重要的是创中国自己品牌”的观念，采取“走出去、走进去、走上去”的“三步走”战略，遵循“先难后易”的思路，从发达国家进入发展中国家，逐渐在海外建立起设计、制造、营销“三位一体”的本土化模式。

互联网时代，海尔又走上了以用户为中心的卖服务道路，致力于成为互联网时代的平台型企业。现在，海尔正在由原来制造产品的组织转变成一个孵化创客的加速平台。一路走来，海尔总是能够不断创新，走在市场前面，这也使得它从一家资不抵债、濒临倒闭的集体小厂一跃成为如今的全球家电名牌。

对于海尔来说，创新的果实是丰硕甜美的，然而过程却也是充满艰难的。在《海尔创新史话》一书中，张瑞敏就描述了当初创新时遇到的困难：“自 2005 年以来，海尔就已经开始进行人单合一双赢模式的探索和试错，为此，我们不惜放弃对传统绩效的单一追求。在没有标杆的摸索中，我们宁愿承受外界的质疑和批评，但我们没有轻言放弃。”

对于企业来说，每一次的创新既可能是一个发展机遇，也可能是一道怎么也跨不过去的坎。

随着宏观经济形势的变化，中国经济进入新常态，各行各业开始不断进行调整、转型或升级，我的公司也不例外。好几年前，经过慎重思考，我下定决心重新调整了公司的战略布局，一举关掉了旗下电子、家装、通信等多个产业。面对这一突如其来的调整，很多老员工一时之间难以接受。在当时，电子通信是我的发家产业，也是最赚钱的一个产业。很多老员工的电子通信情结太深，在这个产业中，他们做得很出色，也找到了久违的自豪感和存在感。在关掉这些产业之后，尽管我反复给他们讲这样做的战略意图，他们还是不能理解，最终仍选择了离开。

那时，我也刚开始做家装不久。为了鼓励大家，我给公司产业发展勾画了新蓝图，也给员工们描绘了一个非常远大的装饰梦想，并试想着要把公司打造成为一个装饰帝国。为了公司的战略发展，我不得不选择关掉装饰这个产业。现实就这么残酷，员工们当时也备感委屈，认为自己的劳动成果没有得到尊重和保护，很多人都选择了离开。而后，选择留下来的一些员工也因在陌生的行业做得不顺，找不到当初做那行的自豪感、成就感，也陆续选择了离开。

当时公司面临内忧外患的局面，一方面，内部员工流失严重，留下来的员工军心不稳，对公司的未来不再抱有像电子通信产业时那般的雄伟信心；另一方面，我们刚进入一个全新的产业，竞争对手与新创公司异军突起，他们强劲威胁和不常规的战术打法，更让我们因内部战略调整变化而腹背受敌。那时，我也时常怀疑这次转型到底是否正确。好在，时间和实践最终都给了我最好的答复。

现在，公司正在经历第二次战略转型。今后，我们的发展重心将会逐步放到传媒产业上来，在这个产业深耕下去。这一次的产业转型同样十分不易，甚至可能失败，但我依然会坚持走下去。如今，有些员工也会表露出对今后工作的担心。创新注定艰难，每当这时，我都会安慰他们："没关系，我们一起摸索。"

创新无止境。尽管如此艰难，尽管可能导致失败，但企业只要存在一天，就不可能停止创新。否则，企业就只能自取灭亡。我相信，在我们的共同努力下，尽管创新之路会走得十分艰难，但也注定妙趣横生、波澜壮阔，甚至将成为蓝骄传媒的又一笔巨大精神财富。即使最终失败了，我们也有勇气重新开始，继续毫不气馁地走在创新之路上。

在此，我已经做好了充分的准备，要带领所有蓝骄人开启又一轮的创新之旅。不同的是，和上一次相比，我们的团队和心态都更加成熟了，我也坚信我们会扭转战局。

从明天看今天，敢于尝试创新

我们都熟知中兴的困境。

2018年，美国商务部发布对中兴出口权限禁令，禁止美国企业向中兴出售零部件。对于中兴而言，缺少美国的关键技术及软件供应商，几乎难在电信行业生存。由此可见，技术创新的重要作用。

创新是推动发展的第一动力，更是建设社会主义现代化经济体系的战略支撑。我们的企业要走向世界，要做大做强，必须自主创新。我们的国家要真正强大，要实现中华民族伟大复兴的目标，必须走创新强国之路。

对于企业自身而言，创新不仅是企业自身产品、技术的改进和迭代，更是产品观和商业认知的进化。创新就是企业发展的关键。

作为企业家，我们可能都曾在竞争丛林里走出一条血路，对创新的力量更是深有体会。当然，创新是一个很广泛的话题，比如科技行业的技术创新、文化行业的内容创新等。创新对于一个企业而言，涉及各个方面，不仅仅是简单的产品创新，更是包含如企业文化、企业制度、产业规划的创新。就像我们国家一样，有理论创新、制度创新、科技创新、文化创新等。

对于企业而言，我们领头人更是要时刻保持与时俱进的创新思维和创新精神，始终以一个创新者、创业者、改革者甚至革命者的身份来要求自己。

曾经，我在十几个行业间试水，找寻适合我们企业发展道路的时候，也在不断地“革自己的命”。关闭产业、调整战略、重新布局，推动企业向上生长，创新之路并不容易，但唯有创新才是能否过坎的关键。

任何一个行业都会出现非凡的企业，但非凡背后是企业敢为人先、敢于创新的勇气。B2C（商对客）成就阿里巴巴，共享出行模式成就滴滴、摩拜、OFO，无数有关创新的故事，在时代的背景下熠熠生辉。

立足企业发展，创新在关键时刻就是救命稻草。2019 年，华为被列入美国商务部工业和安全局的实体名单，华为海思总裁何庭波在致员工信中说道：“多年前，还是云淡风轻的季节，公司做出了极限生存的假设。预计有一天，所有美国的先进芯片和技术将不可获得，而华为仍将持续为客户服务。为了这个以为永远不会发生的假设，数千海思儿女，走上了科技史上最为悲壮的长征，为公司的生存打造‘备胎’。”十年默默技术创新路，华为没成为下一个中兴。这背后是强有力的技术实力为支撑。

什么是创新？

创新是我们站在明天的角度看今天。当你站在更高的格局看现在，站在世界的视角看中国，你做事方式也将不同。在过去，我转战数码行业，从毫不起眼的几张桌子打拼出属于我们的一片天。虽然是传统行业，但成功的背后也是创新思维占据战略性的重要地位。

精准定位受众群。2010年左右，我们转行数码产业。最初，我们把消费群体划定为身处边缘二、三线城市的大学生，尤其是大一新生。大一新生的标准配套是手机、电脑，并且实体店渠道购买还是当年比较流行的方式。因此，传统销售的市场潜力还有很大空间。

模式先进。打入校园市场，最主要是抓住学生购买需求，为此我们招聘了大量代理。如果你是代理，那么你或者周边人有购买需求，你就成了客户。如果你是客户，在我们回访过程中，可以询问你是否愿意做代理。在不断的了解推广中，扩大客户群体。

设定情况，难题攻关。每位客户有不同的需求，每家实体店有不同的销售版本。在不停地模拟实验中，总结属于我们自己的销售版本。了解客户特性，如需求、定位、属意价格体系，设定销售模式，不断地演练。

差异化战略。“人无我有，人有我新。”我们把这句话应用到商业中，就是差异化的意思。我们在做数码的时候，除了普通的市面产品，更要做别人没有的产品。当年，我们与京东如何抗衡？其实靠的就是差异化战略。同样进价，我们作为实体店可以做到价格稍低，有售后保障。其次，经典产品别家下架，我们独家渠道继续售卖。

思路创新并敢于尝试，带来的系列反应便是，我们从毫不起眼的一家门店，迅速成长为数码广场的龙头，甚至成为数码界无可挑战的丰碑。当时我们成功把对手“斩落马下”，获得市场，整个数码广场几千家通讯店铺卖不过我们一家。

不管是过去还是未来，不管选择什么样的领域、项目，我一直都是一个模式的最大追求者。我们创新应该是选择一个领域，不断地深耕、研究，找到这个领域的痛点继而击穿，再形成符合大势的商业模式。然后在这个领域里不断地去探讨新的模式，不断地创新。

未来，我们将会涉及新的项目，进入新的环境，公司已有的优良特性要予以保持。我们也会根据新领域、新形势，尤其是海外形势，不断地进行大胆创新、大胆改革，甚至大胆地自我革命，不断创新出新的管理理念、制度、经营模式。

一个企业的领导者要提高独立思考能力，多思考一下行业未来的发展方向、企业未来发展的机会、可能会面临的问题以及未来产品、技术的发展方向。在守住现金流的前提下，领导者要带领企业多尝试做一些创新。

一个企业，它不能一成不变，也不能将过去的制度一刀砍掉。保留还是砍掉？不能一概而论。我们还应该在否定与肯定中不断地创新。

辉煌中国创新之路中，我们企业也要与时俱进。企业要在全球创新产业链中找准自己的位置，发挥企业在自己领域里面无人能及的优势，实现对创新产业链的把握。以己之长，补他人之短，才能进一步发挥在整个行业中的作用。找准自己的位置，深耕下去，不断创新，企业才能立于不败之地。

看清未来，然后坚持向前

看清未来，才能走好下一步路。如何看清？考验的便是思维高度以及预判未来的勇气。

《诗经•豳风•鸱号》有云："迨天之未阴雨，彻彼桑土，绸缪牖户。"大意是：趁着天还未阴雨，我要衔取那桑根桑皮缠绕修复破巢，使之更加坚固安全。

公元前 1046 年，周武王灭商。为安抚殷商遗民，他把纣王的儿子武庚封在朝歌做诸侯。周公、太公及召公等人因帮助灭商有功，留在京城辅政武王。其中，周公最受武王信任。

两年后，武王生了重病。周公特地祭告祖先，表示愿意代哥哥去死，请先王保佑武王恢复健康。祭毕，周公把祝辞封存在石室里，严令史官不得泄密。

第二天，武王的病开始出现好转。但不久，武王旧疾复发，最终不治身亡。年幼的太子姬诵被拥立为王，史称周成王，周公受武王遗命摄政。

然而，周公摄政引起了管叔等人的不满。他们四处散布谣言，说周公摄政是要篡夺王位。这些谣言引起了成王的怀疑，周公百口莫辩，只得离开京都。

兄弟间生出嫌隙，武庚一面立马派人去联络管叔等人，挑拨他们与周公的关系，一面则积极准备起兵叛乱。

离京后，周公精心安排，终于查清了谣言的来源，了解到武庚等人的狼子野心。他十分焦急，便写了首《鸱鸮》给成王。诗中，周公以母鸟的口吻，表达出对国事的深切忧虑。

年轻的成王并未了解到周公的苦心，对此无动于衷。后来，成王无意中在石室里发现了周公的祝辞，深深为之感动，便立即派人请回周公。周公回京后，成王派他出兵征讨管叔和武庚。周公足智多谋，很快平息了叛乱，周王朝的统治也进一步得到巩固。

试想，如果没有周公的深谋远虑，周王朝可能就不会有后来的繁荣与稳定了。到了明朝，《朱子家训》中有“宜未雨而绸缪，毋临渴而掘井”一句。后来，人们便用“未雨绸缪”来比喻事先做好准备。现代社会，这个成语依旧闪烁着夺目的智慧之光。在商场上，敢于判断未来市场，这是一种战略高度。

我们曾在十几个行业间摸索，在不断试水中不断否定自我，最终找到适合未来主打方向的传媒道路。未来，蓝骄传媒要走向世界，让世界倾听中国的声音，也是一种未雨绸缪预判未来的尝试。

在国家战略层面的推动之下，各种“众创空间”“创业园”迅速蔓延，大有“孵化中国”，再造河山之势。创业，有时候并不是凭自己的喜好去选择项目，现实考虑往往排在首位。有人问，我们曾经为何选择做数码这个产业？其实多是为了解决生存问题。如今，蓝骄传媒产业将成为终身事业，我们致力于将蓝骄传媒打造成行业的佼佼者，让全世界都注意到中国的传媒产业。我们也坚信文化可以打破一切的壁垒。

文化是民族生存发展的重要力量。中华文化源远流长五千年，从古至今，给予中华儿女生生不息的力量。我们生在当下这个伟大的时代，更应该坚定文化自信，秉承党的十九大报告“推动中华优秀传统文化创造性转化、创新性发展，继承革命文化，发展社会主义先进文化，不忘本来、吸收外来、面向未来”的理念，推动中华文化走向世界。

毋庸置疑的是，物质文明发展到一定高度，精神文明肯定占主导作用。结合时代背景，融入个人梦想，蓝骄传媒的未来就是坚定地发展文化产业。

只有专注于清晰的定位，并在结合企业自身优势的情况下，开展业务的聚焦和深耕，才有可能加冕成这个行业的桂冠。如果你正在打造一种产业，那你就必须要置身其中。

看清未来，前提就是要跟随国家发展政策而动。我们身处在这个时代，国家需要文化事业发展，人民也需要优质的文化内容。作为一个企业家，这就是我们的巨大机遇，而铸造中华文化新辉煌，则是我们每个文化行业人的使命。

今天，在建设社会主义文化强国的指引下，我们企业要坚持为人民服务、为社会主义服务的理念，坚持传播社会正能量。

随着企业的发展以及个人的成长和成熟，我们更加深刻明确文化是强大的精神力量。未来，蓝骄传媒将创立正能量文化输出的企业，致力于正能量短视频、综合性文化出版等业务，传播好中华优秀传统文化、中国故事和亚洲文明。

我们这个国家需要文创产业，也需要精神文明。我们是幸运的，能在时代和创业之间找寻到这样一个契合点。蓝骄的传媒产业是我们内心的归属，既延续了我们一伙人儿时的梦想，也起着推动中华文化走向世界的作用。

在国家大力弘扬发展现代文化产业之际，我们更要响应时代号召。过去，我们一直在寻找一件利国利民又有家国情怀的事业，现在既然找到了，我们有什么理由不去投入和支持呢？

看清未来，就是要不惧竞争。传媒行业在四川乃至全国的同行同业之间，竞争都非常激烈。其中不乏如光线、华谊以及各类传媒集团，但蓝骄传媒的血脉里从来就不怕竞争。

一直以来，我们都把竞争当做一件好事。我们并不害怕竞争，我们经历的失败成百上千次，多一次又算得了什么？我相信，失败是成功之母。现在渺小，并不意味着将来依旧渺小。从初创时的“蓝海”，再到创业时的“红海”，我们一直都具备适应新市场的能力。在离开拥挤的“红海”市场后，我们有能力再投身一个需求巨大的“蓝海”市场，并迅速成长起来。曾经的华为，对比爱立信、西门子或许不是很起眼，但现在华为 5G 已经将竞争者甩在身后。

时代终究不会辜负努力的人。我们认准了文化产业这个方向，认准了我们个人使命、文化梦想与国家民族命运紧密相连，那我们就会迎难而上。哪怕竞争再激烈，哪怕失败 100 次。

看清未来，不怕竞争，保持初心，坚持向前。始终关注自己想要什么，我们传媒的使命和战略是什么，有竞争才能发现差距，有差距才能弥补差距，只有竞争才能促使我们更加努力地奋斗。

看清未来，更要坚持企业家精神。我们做企业要有全球格局，做全球生意，发展全球合作伙伴，欢迎全球的人来投资。但是，我们永远不能忘记自己的根在中国。继承和发扬老一辈企业家浓厚的家国情怀，在国家大义和利益面前，我们要坚定站对立场。

我曾说，如果未来我的美国公司或者海外平台需要我移民，我宁愿关掉海外平台，宁愿少挣钱，也坚决要保证中国国籍。

未来，我们要为中国、亚洲乃至全球奉献我的力量，但在关键时候，我的取舍，我的家国情怀和国家大义必须要有。

看清未来，坚持向前的路上，我们当代企业家、青年要承担民族担当。在关键时刻，我们要抵制诱惑，在人生选择上宁愿放弃巨大利益，也要守住自己的底线，不要忘记自己是中国人。

辉煌中国的创新之路

“不创新，就死亡。”每时每刻，地球都处于永不停歇的运转之中。每一天，这个世界上都有无数的新鲜事物和想法不断产生，也有无数的陈旧事物和观念惨遭淘汰。

“问渠那得清如许？为有源头活水来。”如果没有滚滚而来的源头活水，江河湖里的水很快就会成为一滩浑浊不堪、毫无生气的死水。同样的，没有了不断创新的意识和精神，一个国家和民族就失去了发展的希望，一个企业就失去了立足的根本，一个人就失去了前进的动力。

在漫长的历史长河里，凭借着在政治制度、农业、手工业、商业、思想文化、科学技术等方面的不断创新，中华民族长期保持着世界领先的地位。2007 年，在英国《独立报》评选出的改变世界的 101 个发明中，中国古代的四大发明造纸术、印刷术、指南针、火药及算盘均榜上有名。

据史学家和经济学家们测算，以 1990 年美元为基准，宋朝建立后中国的人均 GDP 为 450 美元，而到了宋末则为 600 美元。同一时期尚处于中世纪的欧洲社会，该数据则为 422 美元。英国著名经济史学家麦迪森曾写道："早在公元10世纪时，中国人均收入上就已经是世界经济中的领先国家，而且这个地位一直持续到15世纪。在技术水平上，在对自然资源的开发利用上，以及在辽阔疆域的管理能力上，中国都超过了欧洲。"

那么，到底是什么导致了之后的衰落？原因很复杂，历史学界也有各种各样的观点。我认为，安于现状、不思创新至少是其中的一个。

"中国全面落后于西方，肇始于乾隆盛世。"1793年，在封建社会回光返照的"康乾盛世"末期，乾隆断然拒绝了英国使团的通商请求。在给英国国王的书信中，他一如既往地采用着一种天朝上国的训诫口吻："尔国王此次赍进各物，念其诚心远献，特谕该管衙门收纳。其实天朝德威远被，万国来王，种种贵重之物，梯航毕集，无所不有，尔之正使等所亲见，然从不贵奇巧，并无更需尔国制办物件。"乾隆还不知道，当时的清朝已经远远落后于英国等世界先进国家。

一时落后不可怕，可怕的是没有创新求变的意识。在封建专制的政治背景下，自上而下的改革创新不能戳中要害，自然也就没有取得成功。清朝灭亡后，无数的仁人志士上下奔走，在政治制度、经济发展、思想文化等各个层面推动改革创新，积极探索寻找符合中国国情和现实的发展道路。

中华人民共和国成立后，根据自身的特殊国情，中国人民又在理论路线、政治制度、经济制度等层面实施了各项划时代的伟大创新，逐渐探索出了一条中国特色社会主义的发展道路。

在理论层面上，我们有马列主义、毛泽东思想、邓小平理论、三个代表重要思想、科学发展观、习近平新时代中国特色社会主义思想。在政治层面上，我们创造出了“人民代表大会制度”“政治协商会议制度”“民族区域自治制度”“一国两制”等先进制度。在经济层面上，我们进行了“社会主义三大改造”“包产到户”“改革开放”等改革举措。

通过各个方面的创新改革，中国在短短几十年时间内发生了翻天覆地的改变，综合国力日渐增强。

如今，随着中国经济实力的提升，中国文化也开始走向世界，中国成为具有世界影响力的大国。我们正处于中华民族伟大复兴和改革开放再出发的关键历史节点，更加要把创新摆在重要的位置。

具体说来，在理论创新上，我们要“把完善和发展中国特色社会主义制度、推进国家治理体系和治理能力现代化作为全面深化改革的总目标，勇于推进理论创新、实践创新、制度创新以及其他各方面创新，继续与时俱进，推进马克思主义不断发展”[①]。

在科技创新上，我们要大力发展科学技术，推动中国成为世界科学中心的创新高地。不断把科技创新放在更加重要显著的位置，走科

① 包心鉴：“在改革开放中完善和发展中国特色社会主义制度”，《光明日报》，2018 年 12 月 24 日。

技强国道路。时代不断发展，我们更要将重大科技成果牢牢掌握在自己身上，坚持自力更生、自主创新。

在文化创新上，我们要“勇于创新创造，用精湛的艺术推动文化创新发展”“深入挖掘中华优秀传统文化蕴含的思想观念、人文精神、道德规范，结合时代要求继承创新，让中华文化展现出永久魅力和时代风采”。①

人才是创新的重要根基，也是推动创新尝试的关键因素。我们常说，创新驱动实际就是人才驱动。在人才创新上，我们必须要构建具有全球竞争力的人才体系，破除体制机制障碍，聚集天下英才，为人才“松绑”，让创新创造的活力源泉充分迸发，让人才各得其所，发挥所长。

创新是国家、企业发展的助推剂。在个人和企业都勇于创新、努力创新的今天，我相信我们的祖国能够走出一条辉煌无比的创新之路。

① 徐广友：“大力传承和弘扬中华优秀传统文化”，《学习时报》，2019 年 4 月 17 日。

第四篇

全球化 4.0 时代，你必须拥有大国格局

一花独放不是春，百花齐放春满园。

《古今贤文》

15 世纪，在西欧航海家们开辟新航路的一系列航海活动中，伴随着奴役、暴力和商贸，世界开始逐步走向统一，这就是全球化 1.0 时代。

后来，由于工业革命、资本主义政治改革、帝国主义殖民等一系列事件的推动，世界开始进入到由英国主导的全球化 2.0 时代。

第二次世界大战后，由美国主导的全球化 3.0 时代宣告到来。2008 年金融危机后，随着国际政治、经济、文化等诸多格局的改变，全球化体系进入裂变的关键时期。

当前，世界正在进入以第四次工业革命为基础的全球化 4.0 时代。对于中国来说，这既是机遇，也是挑战。机遇在于，中国可以借此世界大势促进本国各方面发展。挑战在于，当前世界还存在很多不利于全球化进程的藩篱。

全球化是大势所趋，不可阻挡。现在，我们和各国同住一个地球村。在世界上的很多国家，都可以看到华为、海尔等中国品牌的身影。中国的新四大发明高铁、扫码支付、共享单车、网购也逐渐走向世界，给世界人民的生活带来了重大影响。

当此历史阶段，中国青年必须有大国青年应有的格局和胸怀，关心国际大事和人类命运，关心全球化进程，站在全球视角想问题、做事情。

10　新时代大门开启

无论就世界还是中国来说，当代青年都身处一个很好的时代。

现在，全球化进程已经进入一个新的历史阶段，中国在其中扮演着十分重要的角色。

如何不辜负好时代？唯“奋斗”二字。作为中国青年，我们要立足中国，走向世界，为祖国和世界发展做出应有的贡献。

新商业文明

这是最好的年代，每个人都有机会创业，实现自己的梦想。国家给了我们不同以往的创业优势，科技让信息快速广泛地传播，时空不再是车马慢、隔山海的状态，世界缩小成一个地球村，你我之间的距离不过咫尺。

新商业文明早已来到。过往局限于关注利润和股东权益最大化的旧商业文明已经过去，在世界这一叶方舟之上，开放、透明、分享、责任的理念已成为大势所趋。

什么是新商业文明？

所谓新商业文明，仁者见仁、智者见智。说到底，在新商业文明时代，企业只需要做好两件事：做好自己的事、管别人的事。做好自己的事，就是做好自己的企业，对公司负责。管别人的事，就是明确企业发展和社会的关系。

作为有重大影响力的企业家，褚时健的一生可以说是践行了这两件事。在红塔山烟厂时期，他将奄奄一息的烟厂扭转为“中国民族企业的一面旗帜”。18 年时光效力红塔山，他为国家创造的利税数不胜数。

褚时健常说：“做企业的时候，要先考虑这个事情对国家的影响大不大，对国家好不好。”在今天看来，这就是新商业文明的核心理念。

21 世纪的今天，新商业文明追求开放、透明、分享、责任的核心理念。开放，是新商业文明创新的灵魂。透明，是新商业文明出发的起点。分享，是新商业文明形成与扩散的原动力。责任，则是贯穿新商业文明始终且无法分割的一部分。

在新商业文明影响下，企业不再局限于盈利，而是不断向责任奉献倾斜。作为新商业文明下的企业家，我们的责任与使命是顺应时代潮流与发展趋势，承担更多的社会责任。

盈利是企业可持续发展的重要前提，更是对员工负责的物质基础。无论是旧商业文明还是新商业文明，这都是共同的特性。身为企业家，我们首要考量的问题就是如何推动企业健康长久地运营发展。“穷则独善其身，达则兼济天下。”如果企业连生存发展、做大做强都不能保证，那还谈什么责任奉献？

与此同时，企业家正面临两大转变。

首先，要从追求利益的物质层面向担当责任的精神层面转化。在企业发展过程中，责任担当不容忽视。企业有文化、有使命，为社会创造价值，才能长久健康地生存发展。

企业不能脱离时代，更不能脱离国家。在国家政策之下，企业要迎头上前，抓住机遇谋取发展的同时，更要主动承担社会责任。

明朝政府将官方垄断的盐业开放，给了晋商千载难逢的发展机遇。当时正值烽火乱世，边境战乱频繁。在生命财产朝不保夕的情形下，晋商更懂得保国即保家的道理。

边塞上往来的晋商历经千辛万苦运送粮草、铁器，但常被抢掠。命丧异乡者，数不胜数。但是，他们知道唯有国家安宁，才有小家安稳。

今天，我们没有处在战火纷飞的年代，但古时商贾承担社会责任、置家国于心的道理并不过时。现在看来，这何尝不是企业家精神？

我们都知道，企业家精神的最佳体现是社会责任感。新商业文明时代下，更多企业家在精神层面开始形成责任感意识，于社会发展而言，这是一股极其有力的促进力量。

其次，从“小我”到“大我”转化。企业家的关注点从个人、企业，转向社会、国家甚至是世界。宏观视野的扩大，是企业家格局的提升。在跟随时代前行的同时，中国企业家更要重新审视自己，找到自身定位。在企业稳步发展的同时，我们也要懂得反哺社会。

德鲁克曾提到："美国经济持续繁荣，甚至出乎多数经济学家对其经济周期的预测，最根本的原因就是出现了真正的企业家经济。这是经济史上最意义深远和鼓舞人心的事。"

同样的，我们有理由相信，在中国改革开放40余年成就的背后，也离不开企业家的推动。在新商业文明时代，企业家承担着推动祖国繁荣发展，实现中华民族伟大复兴的使命，应当更加主动地承担社会责任，创造社会价值。

在21世纪的第一个10年，已经有不少企业家探寻过新商业文明。当时，20岁出头的我还在传统行业里辗转创业，但对于新商业文明却并不陌生。现在，当我们的创业路走到第13个年头，对社会、对事业的认识也逐渐成熟。精准扶贫，抑或是在学校设立自强奖助学金，这都是我们承担社会责任的尝试。

新商业文明下，责任不再局限于一家企业的范围，而是着眼到整个社会。开公司再也不是单纯意义上的赚钱盈利，慈善事业、社会责任、合作共赢成为提高企业竞争力的重要指标。

衡量一家企业成功与否的标准，不是盈利多少，而是其创造的社会价值。一家企业，既要为员工与合作伙伴提供一个良好的平台，促使大家相互成长，又要给员工实现人生价值的机会。唯有让员工勇敢大胆去追逐梦想，实现他们物质和精神需求的企业，才能更长久持续地发展。

我们在解决企业员工和合伙人的诉求之外，也要看到国家和社会对我们的诉求，为国家做出相应贡献。这种担当责任，是我们企业家的使命，也是我所理解的新商业文明。

中国著名企业文化与战略专家陈春花曾说："我非常景仰企业家，不是因为他们多有财富，而是他们可以实实在在地去把一个构想变成真正的现实，产生真正的价值。我觉得这是企业家精神最强大的部分，这对我们的社会非常重要。"

企业家将构想变为现实，把蓝图建成高楼，这种敢为人先、敢于做梦的精神，不仅是我们社会需要，更是我们当代青年需要。

新商业文明赋予我们更多机会，每个人的未来都基于现在，我们拥抱未来的最佳方式就是做好当下。

全球化

当今世界，全球化已经成为一股不可抗拒的大趋势。在《世界是平的》一书中，作者托马斯·弗里德曼描述了这么一番场景："小时候父母常常说，儿子，乖乖把饭吃完，因为中国和印度的小孩没饭吃。现在，父母会对孩子说，女儿啊，乖乖把书念完，因为中国和印度的小孩正在等着抢你的饭碗。”

我们姑且不论中国和印度的小孩到底有没有抢美国小孩的饭碗，但可以肯定的是，在给世界各地的人们创造出种种机遇和便利生活的同时，全球化也不可避免地带来了新的挑战和新的问题。

现在，在世界范围内，一些反全球化的声音开始变得尖锐起来。在我看来，这种因噎废食的做法实在不可取。正如弗里德曼所说："当世界变得平坦，而且你也感到这种压力时，你应该挖掘自己的潜力迎接挑战，而不是修建各种保护墙。”

19 世纪中期，当世界开始走向统一之时，一位英国的经济学家曾有过如下一段记述："大洋洲有我们的牧羊场，阿根廷和北美的西部草原上有我们的牛群……秘鲁送来它的白银，南非和澳大利亚的黄金流向伦敦，印度和中国人为我们种茶，而且我们的咖啡、白糖和香料种植园遍布东印度群岛……”

如果说，在最开始乃至很长的一段时间里，全球化还很大程度带有掠夺和恃强凌弱的色彩，那么到了现在，全球化更多的表现则是为全人类创造出一种更美好和谐的生活，并深刻践行和平与发展的时代主题。尽管各国家间仍会不时出现冲突和对抗，但协商与对话正在取代战争和大国强权，成为主流。

企业是全球化进程中必不可少且极具活力的一股力量。华为就是一家典型的全球化公司，而且从一开始就是。任正非曾直言："华为不是一个中国本土公司，经过奋斗有实力了，再去'国际化'，再到全球去发展殖民地。我们的产品从来不是'独立自主'生产的。华为是一家全球化的公司，我们从一开始就是整合全球资源，生产最好的产品，为全球人服务，为人类创造价值。"

据华为的一位前员工透露，现阶段华为最大的软件团队在印度，华为的美学研究所在法国，华为的算法精英主要集中在莫斯科，日本研究所则主要负责一些器件和材料工艺。

不得不说，华为手机是举全球之力共同研发制造而来。从研发、制造再到物流、销售，华为都是在整合世界最优质的资源，再为世界创造出最优质的产品。现在，全世界的很多人都可以轻轻松松地购买到一部华为手机。这就是华为的全球化视野。我们可以肯定地说，在今天，任何一家想要有所作为的企业都必须和世界建立起一种紧密的联系。

2019 年 2 月 13 日，我公司旗下位于拉斯维加斯的蓝骄传媒美国全资子公司（Lanjiao Media Co.,Ltd.）正式成立。这是蓝骄传媒在美国注册成立的一家分公司。公司在纽约州、伊利诺伊州、德拉维尔州等地均设有办事处，业务涉及投资、金融、文化产业等板块，是蓝骄传媒搭建北美战略发展平台的重要基础，也是我个人实施海外发展战略的重要举措。

此外，亚洲文明文化传媒有限公司将致力于正能量短视频、综合性文化出版等业务，传播好中华优秀传统文化、中国故事和亚洲文明，力图成为亚洲文明传承与守护者、人类命运共同体的构建者。

在此过程中，我们也将会深度地参与到全球化进程中，到全球各地布局相应的文化产业，整合各国各民族的宝贵文化资源，发掘全世界的优秀文化人才，和世界各国的文化企业竞争与合作……

2018 年 12 月，全球化智库（CCG）与西南财经大学发展研究院、社科院社科文献出版社联合发布了企业国际化蓝皮书《中国企业全球化报告（2018）》。报告显示："世界范围内逆全球化浪潮的不断上升，是影响 2017 年全球对外直接投资下滑的主要原因。譬如，美国方面，特朗普政府实施贸易保护主义，令全球贸易、国际经济合作不确定性陡增。欧洲方面，德法等一些重要国家大选反映出欧洲右翼势力的扩张，或成阻碍全球化发展进程的重要因素。此外，美欧投资保护主义倾向有所增强，通过制定或修订法律加强外资审查制度，为政府审查外资并购交易等提供法律依据。"

由此可以预见，未来我们的全球化进程或许将会一波三折、无比艰辛。尽管有种种的不确定和不友好因素，但是我相信，形势永远比人强。自古以来，大势都是无可阻挡。正如孙中山先生所说："天下大势，浩浩汤汤，顺之者昌，逆之者亡。"

无数的资本、技术、文化、人才、资源等要素都在世界各地之间来往穿梭，寻找着自己的最优位置。作为一家全球化企业，我们也将投身于这场浪潮中，以期聚合全球的力量为国家、为全人类做一些实实在在的好事。

今日之中国是世界之中国

从古至今，历经过一番蜿蜒曲折的发展历程后，亚洲人民共同创造出了光辉灿烂的文明成就。在文化交流互鉴日益频繁的当下，亚洲人民迫切希望共同建立起一个和平安宁、共同繁荣、开放融通的亚洲。

一直以来，亚洲都是一个大家庭，或许往昔有过纷争，有过吵闹。今天，在和平与发展是世界主题的大背景下，文明交流是亚洲各国共同发展的主旋律。我们的文化、宗教、意识形态等有许多共同之处，我们的地缘位置近若比邻、山水相连，是不可分割的整体。

每一种文明都是国家和民族血脉的延续。亚洲文明丰富多彩，要求我们当代青年薪火相传、与时俱进。亚洲文明多样多元，要求我们不仅认识到自己的文明，更要去欣赏别人的文明。

在这之间，中国应该扮演怎样的角色？

我想，习近平总书记这段话恰到好处——“今日之中国，不仅是中国之中国，而且是亚洲之中国、世界之中国。未来之中国，必将以更加开放的姿态拥抱世界、以更有活力的文明成就贡献世界。”①

青年人作为承上启下的一代，该如何承担使命，推动中华文明走向世界？如何把中国故事讲至国际舞台？

在亚洲文明对话大会平行分论坛上，好友廖宇靖提到，霍英东集团副总裁霍启刚的话最让他记忆深刻。霍启刚认为，进行文明对话，知己知彼是前提。就是说，认识自己文明的同时，也要认识到别人的文明。霍启刚 12 岁只身前往英国，面对陌生文化环境，他竭尽所能去理解、包容。

文明因交流而多彩，文明因互鉴而丰富。今天的中国以更加开放包容的姿态面对世界，以更有活力的文明成果贡献世界。在这一亚洲文明交流互鉴的重要历史节点，人类文明发展的重要历史时刻，身为中国青年，我们深感责任之重大，使命之光荣。

一方面，我们要响应习近平总书记在亚洲文明对话大会开幕式主旨演讲的呼吁，推进世界不同国家、不同民族、不同文化的交流互鉴，夯实共建亚洲命运共同体、人类命运共同体的人文基础，并打造“中国青年”系列名片，以青年力量引领亚洲文明传承。

现在，我与“中国最具潜力的青年作家之一”（英国金融时报评论）

① 习近平：“为世界人民探寻发展之路提供途径”，《人民日报》，2019 年 5 月 19 日。

廖宇靖积极筹备发起中国多彩文明发展基金会，争做亚洲文明的传承者和守护者，共创亚洲文明和世界文明的美好未来。

青年是民族的未来、国家的希望，更是加强亚洲文明间沟通交流、传承亚洲文明的强大力量。我们作为当代中国青年群体，要把握大势、顺应潮流、面向未来，加深对中华文明与其他文化差异性的认知，推动不同文明的交流对话。我们要践行时代赋予青年的责任与使命，争做亚洲文明传承者与保护者、争当“中国青年名片”，从而在互学互鉴中开创新亚洲、在继承中发展创造亚洲文明新巅峰。

中国特色社会主义建设进入了新的历史阶段，青年一代应该尽快承担起记录新时代、书写新时代、讴歌新时代的神圣使命。

这个时代的历史巨变与精神图谱，都需要我们这一代描绘记录。中华民族伟大复兴，不仅需要物质文明的发展，更需要精神文明的发展。社会主义精神文明建设是党和国家的重要事业，也是民族和人民重要的力量来源。

依托党和国家对文艺工作、文化事业的高度重视，我作为“中国青年名片”，组建了以创作正能量视频和文学作品为主的亚洲文明文化传媒有 限公司。

当下这一代，是在快消文化当中成长的一代。过去，我们的青年有打破局限推广白话文的尝试，有为中华之崛起而读书的宏愿，有海外留学报效祖国的志向。如今，我们不同以往任何时代，面临的是更纷繁复杂的世界。信息爆炸，思想碰撞，互联网飞速发展，如果我们脑海中稍加恍惚，可能占据主导的依旧是西方文化，或者是缺乏内涵的快消文化。

在这样的大背景之下，实现中华民族伟大复兴的必然选择就是坚定文化自信。

我们青年是社会朝气之所在，能快速接受新知识、新技术，对于弘扬和传承传统文化，我们理应承担更多的责任，怀抱浓厚爱国情，谱写时代主旋律。

现在，以抖音为代表的短视频，已经成为青年群体里的流行趋势。我们成立亚洲文明文化传媒有限公司，在短视频内容传播里，做正能量文化输出，传递优质文化内容。用文艺振奋民族精神，用文化树立民族自信，这是我们文化行业从业者的职责。

我们不仅要传承中华传统文化，更要把握时代脉搏、承担时代使命、聆听时代声音。要有适当的权威解读，也要有多元化的传播方式。要不断推动文艺创新，提升文艺作品质量，更要坚持追随广大人民群众的脚步，做大众喜闻乐见的文艺作品。

作为有抱负，有追求的中国青年，我们不仅要为时代留存记忆，更要为当下宣扬能量。

未来成立新公司，我会继续倡导正能量价值观，顺应时代呼吁与号召，做亚洲文明传承与守护者，亚洲命运共同体和人类命运共同体的人文构建者。传递社会正能量，传播中国青年的声音，用积极的文化作品讴歌健康向上的人生态度，是我们当代青年需要承担的使命与责任。

我相信，在党和政府的号召下，无论是我们筹建的中国多彩文明发展基金会，亦或是亚洲文明文化传媒有限公司，都能助力中国青年走向世界，推动亚洲各国人民进一步相互了解、不同文化形态加深交流互鉴，彰显亚洲文化的丰富多彩与持久生命力，也深度契合共建亚洲命运共同体、人类命运共同体的发展诉求。

根在中国，走向世界

“华为”这个名字包含的深远寓意：心系中华，有所作为。

自 1987 年在广东深圳成立，华为就持续不断地在全球范围内构建事业版图。根据华为 2018 年度报告显示，目前，华为总共有 18.8 万员工，业务遍及 170 多个国家和地区，服务 30 多亿人口。

在十年磨一剑的 5G 技术业务板块，华为已经在全球范围内获得了超过 50 个 5G 合同，客户分布在欧洲、中东和亚太等地区，累计发货 4.5 万个 5G 基站，已向全球发货超过 1 万套基站，中国份额稳固。

尽管华为是一家全球化企业，但首先，它还是一家根在中国的民营企业。这一点，从华为新系统的名字就可见一斑。前段时间，华为公布了新开发自有操作系统——“鸿蒙”。

“鸿蒙”意指天地开辟之前一团浑沌的元气。根据中国神话传说，在远古时代，盘古还未在昆仑山开天辟地之前，整个世界就是一团混沌不堪的元气，而这种自然的元气就被叫作“鸿蒙”。后人常用“鸿蒙”一词来代指远古时代，《红楼梦》中就有“开辟鸿蒙，谁为情种？都只为风月情浓”之句。

结合华为现在的处境，“鸿蒙”既代表着从零做起的决心，也向全世界展示着它骨子里浓厚的民族情结。此外，华为还注册了很多具有中华民族色彩的名字，它的手机芯片取名叫“麒麟”，基带芯片取名叫“巴龙”，服务器芯片取名叫“鲲鹏”，服务器平台取名叫“泰山”，路由器芯片取名叫“凌霄”，人工智能芯片取名叫“昇腾”。

2019 年 5 月，在接受中央电视台《面对面》节目采访时，任正非话语间道出了华为人爱国的拳拳之心：“爱国，爱这个国家，希望这个国家繁荣富强，不要再让人欺负了。”

一个全球化企业，不管走得再远做得再大，也千万不要忘记自己的根在何方。

在我看来，这句话有两个层面的意思。第一，企业在世界舞台上发光发热的同时，也要持续感恩和支持自己的祖国，一定程度地保留并向全世界传递本民族的精神文化和价值观念。第二，祖国和人民永远是企业的坚强后盾。在企业遇到困难的时候，首先向你伸出双手的一定是祖国和人民。

“从田野走向世界的中国农民的儿子”，这是万向集团官网上对创始人鲁冠球的一番描述。在《鲁冠球：聚能向宇宙》一书中，万向的创业之路被划分为五大阶段。其中，第四个阶段为“全球化创新（2011—2015）：从田野走向世界”，第五个阶段为“生态化创业（2015—）：从世界返回田野”。

大步向世界进军的同时，万向集团并没有忘记自己的根和出生地。1969 年，万向从杭州萧山一个简陋的小农机厂起家。几十年后，在成长为营收过千亿，涉足农业、金融、新能源等多元产业的现代化跨国企业集团之后，万向回到萧山，开始启动创新聚能城的建设项目。

在鲁冠球所描绘的宏大规划里，这是一座“不但把电这个能源聚集起来，把人才聚集起来，还要把技术科技聚集起来。要真正地建设一个在世界有影响力的，在国内有地位的万向创新聚能城”。

鲁冠球因病去世后，其子鲁伟鼎继承了父亲的遗志。“以后人们不用羡慕硅谷，未来的聚能城也会像硅谷那样成为世界最优秀的地方之一，能产生世界上颇有影响的创业项目团队。我们希望能创造更多的传世之作，这也是未来发展的机会。”如果上述这段话成为现实，那么，万向集团给萧山这个地方带来的财富和发展机会都将不可限量。

未来，我们的新公司也以华为和万向为标杆，不忘初心，亦不忘出身。时代吹响走向世界号角的同时，公司必将担起新时代赋予的重任，持续不断地感恩回馈国家和社会。

四川成都将会是我们的大本营。过去，蓝骄传媒从身边的社区、学校一点点辐射开去，坚持做公益。未来，我们也将继续秉持这个原则，从高新区辐射到全四川到全国乃至全世界。当然，作为生在成都长在成都的一家企业，蓝骄传媒肯定会将更多资源投入到对本地区的建设和支持上。

“滴水之恩，当涌泉相报。”过去 7 年，没有四川的市场，没有四川的客户，没有四川提供的各项资源，我们也不可能发展到今天，更不可能走出中国，走向广阔的世界。因此，当我们在世界舞台上实现更宏伟梦想之时，我们永远不会忘记四川人民的恩情。

未来我们将在全球各地布局、发展文化事业的同时，也必将不遗余力地向世界讲好中国故事、传播好中国声音、展示好中国形象，以期为实现中华民族伟大复兴的中国梦尽到自己的一份力量。

根在中国，走向世界。在我的构想里，亚洲文明文化传媒有限公司内在拥有中华民族的灵魂，外在能够将世界各地的资源“拿来”并真正化为己用。

文化力量，源远流长

历史的车轮往前走去，诸多过往被碾得粉碎。但唯有文化，以其生生不息的力量留存于世。不管走过多少年，我们仍然能够感知孔子的思想精神，苏格拉底的哲学意蕴。

我们收获了前人的智慧，跟着时代不断前行。但我们这一代，又能为我们的后代留下什么呢？

这是个很现实的问题。简单思量一番，实体的事物总有烟消云散的一天，不论是一栋房、一座桥，真正经受住时间考验的永远是超脱实物载体的思想文化。举个简单例子，迪士尼这类文化产业公司，伴随着无数人长大，衍生成为一种情怀。

迪士尼远远不止动画电影这一个行业，它涉及主题公园、玩具、图书、服装、饰品、箱包、家具等。虽然横跨各个行业，但凭借背后的文化影响力，迪士尼依旧受到消费群体的一致好评。

米老鼠就是最典型的代表。1928 年 11 月 18 日，随着世界首部有声卡通电影《汽船威利》的上映，米老鼠风靡整个美国，甚至走向世界。20 世纪 80 年代，米老鼠随着改革开放的春风来到中国，至今依旧有大批粉丝。由此，文化的穿透力可见一斑。

在我们这个时代，我们能留给后辈什么？我想，唯有文化。假如以后年轻一辈回忆起电影市场遥遥领先的票房影片，首先映入脑海的是好莱坞作品。这难道不是中国文化工作者的悲哀吗？

这并不是说我们中国没有优秀的片子。像《战狼》《湄公河行动》《我不是药神》之类的优秀国产电影，中国应该还有更多。

现在，我写作本书，以及即将创作的一系列图书作品等，均旨在传播主流价值观与正能量文化，推进世界上不同国家、不同民族、不同文化的交流互鉴，进而为共建亚洲命运共同体乃至人类命运共同体尽一份力。

文化的力量是可持续的，坚定发展文化行业，我们更要以高尚的文化作品引领时代风尚。在未来，我致力于发展文化产业，在传递社会正能量的进程中，专注儿童与妇女领域。

少年儿童是树苗，更是祖国未来的希望。党的十八大以来，以习近平总书记为核心的党中央站在国家事业后继有人的战略高度，密切关注青少年与儿童的成长。

身为当代青年企业家，我们在新时代承载着伟大的使命和责任。我相信，只有把人生理想融入国家民族大业中，个人才能成就一番事业。教育事关国家、民族、未来，儿童教育更是为人生打下基础的重要保证。

为此，新公司未来可能也将推动青少年儿童健康成长，助力儿童教育事业发展。2017 年捐赠西南交通大学附属中学时，我曾提到回馈教育事业，点燃更多孩子的未来。这些年，在企业内部，我也鼓励员工回校捐赠，设立奖学金项目，帮助更多家乡的孩子通过教育获得更好的成长。

人生路上，每一步都至关重要。一步错，步步错。这其中，教育起着举足轻重的作用。作为“80 后”企业家，我在求学和创业的坎坷道路上一路闯荡，正是因为自己经历艰辛，所以更希望为青少年教育事业奉献一份自己的能量。

除了以捐赠方式支持儿童教育事业，我们也可能着力开发儿童音视频产品、影视文学作品等，培养孩子们积极乐观的人生态度。性格决定命运。一个人在幼时养成的言行品德，会对他的一生产生深远的影响。

没有妇女的解放和进步，就没有整个人类的解放和进步。依托于此，我们将着力关注保障妇女权益，创作出发挥妇女正能量的文化作品，支持妇女建功立业，实现人生价值。

推动妇女事业发展，作为企业，首先要尊重内部女性员工的地位。一直以来，我们公司内部始终发扬尊重女性、保护女性的优良传统。同时，女性员工也充分发挥自己的能量为公司创造财富。

发展女性文化事业，我们企业更要跟随妇联一道，认真倾听妇女的呼声，真实反映她们的声音，为广大妇女做实事。作为青年企业家，我将以我的文化传播公司为载体，创作有利女性成长的图书、视频等各类型作品，同时也为广大女性提供创作平台。

近年来，随着女性经济实力的不断提升，“她经济”“她消费”成为助推社会经济稳步增长的重要力量。从市场潜力来看，“她经济”辐射范围广泛，包括美容、服饰、休闲等女性时尚板块。从消费实力来看，女性已经成为网络消费的主力军之一。

我相信，无论是时代主题，还是社会趋势，尊重女性主体地位、发展“她经济”、保障女性权益都将是未来不变的潮流。

文化具有持续性，能够超越时空且无边界。作为当代青年企业家，我坚定在社会主义核心价值观指引下，发展时代倡导的正能量文化产业。

未来，我将号召更多有为青年一起，践行时代赋予我们的职责与使命。一方面，我们要坚持社会主义先进文化前进方向，树立高度的文化自觉和文化自信，助力发展儿童教育、关注女性权益。另一方面，我们将向着推动中华文明走向世界、向着建设社会主义文化强国的宏伟目标阔步前进。

11　青年的力量

青年一代必将大有可为，也必将大有作为。

身为中国青年，我们在这个新时代下能做什么？ 基于此，我们成立亚洲文明文化传媒有限公司、筹建中国多彩文明发展基金会、举办“亚洲 100 计划”系列活动，希望为亚洲命运共同体、人类命运共同体奉献青年一代的力量。

文化自信与民族复兴

一切行动的背后，总是少不了精神力量、文化力量的支撑。文化就像是一只看不见的手，能够在我们认识世界、改造世界的过程中产生催人奋进的磅礴力量。

身处新时代，当人人都在奏响中国梦号角之际，中国青年如何扣好人生第一颗扣子，如何走出人生关键一步？

这背后，是社会主义核心价值观的培育，是社会主义先进文化的弘扬，是海纳百川有容乃大的胸怀，更是兼收并蓄面向未来的格局。

今天，文化的作用和地位提高到了一个崭新高度。文化自信与民族复兴，文化强大与民族强大，成为联系紧密不可分割的整体。

在与伟大时代同行的岁月里，我们青年一辈又该以怎样的行动弘扬先进文化的力量？

时间之河川流不息，光阴之路一去不返，每一代青年都有自己的际遇。值此时代大背景之下，我们坚定地要成立正能量文化输出的企业，倡导正能量价值观，争做亚洲文明传承与守护者，亚洲命运共同体和人类命运 共同体的人文构建者。

中华文明绵延数千年，成为根植每个中国人内心的基因。我们弘扬正能量，宣传社会主义先进文化，以青年的力量呼应习近平总书记的指示：没有高度的文化自信，没有文化的繁荣兴盛，就没有中华民族伟大复兴。

领会习近平总书记的治国理政之道，身为中国青年企业家，我们将一如往昔，不忘根本。在“不忘本来、吸收外来、面向未来”的指引下，我们也要对世界文化海纳百川，兼收并蓄。立足全球视野，将正能量文化推动到全世界，让世界看到中国力量，更希望以此带动全球全球青年奋发图强，昂扬向上，海纳百川。

无论任何时代，文化都是超越一切界限的存在。我们回首往昔，能看到同一时代的戏剧大师，莎士比亚与汤显祖在不同的国度创造辉煌，又同样在世界的历史长河中熠熠生辉。

剧作家汤显祖被誉为“东方的莎士比亚”，有着享誉世界的《牡丹亭》《紫钗记》等作品。作品呈现的角色丰富广阔的人生里，还有着“情不知所起，一往而深”等千古名句。

今天，我们站在世界的舞台，看待全球的多样文化，更当把握时代脉搏，聆听时代声音。世界文化在交流中焕发光彩，在共赏中产生奇妙的“化学反应”，先进文化的力量和魅力，不仅属于一个国家，更属于整个世界。

我们的历史文化，曾经使哲学家黑格尔惊讶于中国国运的持久，曾经使历史学家汤因比赞叹中华文明的一脉传承。[①]我们的文化自信根植于中华民族兼收并蓄，海纳百川的胸襟之中，而深厚的文化根基正是我们未来创作作品的不竭源泉。

文化，有着持久而深沉的爆发力，它影响着一个人的思想、行为，影响着下一代的成长发展，影响着一个国家乃至世界的未来走向。我们如何看待先进文化的引领作用，如何看待正能量文化对人的思想作用？

修身、齐家、治国、平天下，推动构建人类命运共同体，这无一不体现着文化的作用。世界多极化、经济全球化、文化多样化、社会信息化，纷繁复杂的未来更需要文化的力量引领我们前行。

---

① 吴晓明：“以文化自信激发文化创新创造能力”，《光明日报》，2019 年 3 月 7 日。

亚洲文明，青年使命

亚洲文明对话大会意义重大。

在这一亚洲文明交流互鉴的重要历史节点，人类文明发展的重要历史时刻，我们筹备成立一个基金会，基于三点：响应习近平总书记在亚洲文明对话大会开幕式主旨演讲的呼吁，争做亚洲文明的传承者和守护者，共创亚洲文明和世界文明的美好未来。习近平总书记在大会开幕式发表题为《深化文明交流互鉴共建亚洲命运共同体》的主旨演讲，向世界人民发出共同创造亚洲文明和世界文明美好未来的呼吁。

因此，依托“亚洲 100 计划”系列活动的开展，我们组建以创作正能量视频和文学作品为主的亚洲文明文化传媒有限公司，推动亚洲各国人民进一步相互了解，推动不同文化形态加深交流互鉴，彰显亚洲文化的丰富多彩与持久生命力，深度契合了共建亚洲命运共同体、人类命运共同体的发展诉求。

打造“中国青年”系列名片，以青年力量引领亚洲文明传承。青年是民族的未来、国家的希望，也是加强亚洲文明间沟通交流、传承亚洲文明的强大力量。

因此，当代中国青年群体，就需要把握大势、顺应潮流、面向未来，秉承平等与尊重，摒弃傲慢与偏见，加深对中华文明与其他文化差异性的认知，推动不同文明的交流对话、和谐共生，与邻为善，携手共建美好未来，践履时代赋予青年的责任与使命，争做亚洲文明传承者与保护者、争当“中国青年名片”，从而在互学互鉴中开创新亚洲，在继承中发展创造亚洲文明新巅峰。

基金会是坚持以习近平新时代中国特色社会主义思想为指导，为亚洲文明交流、传承与保护而搭建的公平、公正、透明、可持续发展的公益平台。

以青年力量引领亚洲文明传承，凝聚亚洲各国更多的力量，推动亚洲各国人民相互了解、不同文化形态加深交流互鉴，共创亚洲命运共同体、人类命运共同体，是基金会一直秉承的宗旨。

历史中的亚洲文明创造过人类的辉煌。亚洲文明起源于公元前数千年，从底格里斯河－幼发拉底河、印度河－恒河、黄河－长江等流域开始，孕育了丰富的人类文明。

在大同观下，各种文明交融相汇，古有丝绸之路、茶叶之路、香料之路等古老商路,今有“一带一路”“两廊一圈”“欧亚经济联盟”等，拓展了文明交流互鉴的途径，整个亚洲在增进文明、促进文化中发展壮大。

回顾历史，几千年前孔子提出的“天下大同”的社会理想是“和”。20 世纪初，孙中山先生提出的“大同世界”理想也是“和”。在他的“三民主义”中，未来社会没有贫富差距、少数富人压迫穷人的不公正。

在他的构想中，充分认识到资产阶级“民有”“民享”“民治”的平等理念，真正体现了古人所说的“大同世界”。

展望今朝，时代背景之下，基金会是对历史使命的呼应，也是身为中国青年的责任担当。我们将紧紧围绕促进亚洲文明交流互鉴的核心议题，立足亚洲文明交流互鉴国内事项的圆满完成，以全球化的思维和策略，坚持国际 化的发展方向，从而在更大范围内整合资源、更高水平地促进亚洲文明地交流互鉴。

“亚洲 100 计划”

面对全球共同挑战，迈向未来美好生活，不仅需要经济科技的力量，也需要文化文明的力量。在这一时刻，亚洲文明对话大会的召开，为促进亚洲及世界各国文明开展平等对话、交流互鉴、相互启迪提供了一个新的平台。

身处新时代，自当担大任。在这样的时代背景之下，我与中国青年作家廖宇靖响应时代号召，计划拟定“亚洲 100 计划”。这是依托中国多彩文明发展基金会，以坚持习近平新时代中国特色社会主义思想为指导，为亚洲文明交流、传承与保护而搭建的公平、公正、透明、可持续发展为目标的非营利性社会组织。未来，我们将建立基金会分支机构，协助外事、宣传、教育、文化等相关部门开展各项活动。

首先，支持、资助 100 场在中国举办的亚洲文明沟通交流的高端论坛；支持、资助 100 场中国社会组织举办的亚洲文明沟通交流活动。

文明因多样而交流，因交流而互鉴，因互鉴而发展、繁荣。亚洲作为人类文明重要发祥地，在数千年的发展历程中，创造了辉煌的文明成果。100 场文明沟通交流论坛及活动，是响应习近平总书记在亚洲文明对话大会上的呼吁，坚持同其他文明交流互鉴，共同书写亚洲文明的辉煌新篇章。

其次，支持、资助 100 场在中国举行的亚洲文明典型人物评选活动；支持、资助、奖励评选 100 名在亚洲文明交流领域做出突出成绩的贡献者；支持、资助评选 100 名推动亚洲文明交流的“中国青年名片”。

人，始终是时代发展的核心。人才推动科技发展，人才创造世界奇迹。宣传推广典型人物，评选优秀人才及杰出贡献者，既能传播正能量，更能让普通大众了解传承民族精神，为国家做奉献等在时代发展中熠熠生辉的人们。同时，也能在全社会引导树立正确的世界观、人生观、价值观。

评选推动亚洲文明发展的“中国青年名片”，是以中国青年的风采感染亚洲，乃至世界。这不仅是对中国青年，中华文化的宣传，更是以全球视野讲述中国故事，展现中国特色社会主义精神文明建设成果，体现中国人的文化自信。

同时，我们“亚洲 100 计划”也将支持、资助 100 场境外开展推动亚洲文明交流的系列活动。让世界了解亚洲，让文明交流互鉴，构建亚洲命运共同体、人类命运共同体。

“亚洲 100 计划”系列活动，是青年一代顺应时代潮流，承担时代责任的有力体现。

一方面深度契合了当前世界各国所共同享有的发展大背景，交流与融合的世界发展主声浪，以及新时代亚洲文明交流互鉴的现实需求，时代特色突出。

另一方面立足于中国，着眼于世界，谋求整个亚洲、全世界不同文明的交流对话与和谐共生、不同文化形态的交流互鉴，国际色彩浓厚。

“亚洲 100 计划”系列活动，是以青年的力量促进世界不同文明、不同民族、不同国家地区之间交流的具体体现。

广袤多元、丰富多彩的文明类型构建了丰富多彩的世界文明。而亚洲国家依山带水，在文明上有共性也有个性。

不同的文明之间没有高低之分，任何一种文明都不能被取代。习近平总书记倡议举行亚洲文明对话大会，为亚洲国家、亚洲不同文明交流搭建了重要平台，在当前形势下可谓恰逢其时，意义深远而重大。

亚洲国家同呼吸，共命运。“亚洲 100 计划”更是基于此，希望能够加强亚洲文明对话交融，增进相互了解，共创共享繁荣亚洲。

身为一代青年，我们将秉持亚洲文明开放包容的价值观，加强与其他文明的交流互鉴，与各国青年一道，共同开展亚洲文明发展的新局面，为共建亚洲命运共同体、人类命运共同体贡献自己的力量，共建和谐世界。

12　从中国文明到世界文明

中华文化博大精深，源远流长。长期以来，中国文明是亚洲文明乃至世界文明的核心地。

在人类命运连成一体的今天，文化的力量不容小觑。作为中国青年、亚洲青年乃至世界青年，我们要从中国走向亚洲再走向世界，不断为中国文明、世界文明发声。

中华民族的大同观

“天下大同”，这是历朝历代先民们所共同追求的理想社会蓝图，也饱含着中华民族对周边世界和人民共同命运的深切关怀。

“大同”一词最早出现在《礼记·礼运》中，它描述了一种“人人为我，我为人人”的理想社会状态。

在大同社会里，贤者能人得到重用，人人诚信和睦。人们不仅赡养自己的父母、教育自己的子女，还要让所有老年人都安度晚年、所有小孩都健康成长。人人都有好归宿，大家都不贪财、不谋私利。西汉礼学家戴圣认为“大道之行，天下为公，是谓大同”。

这样看来，中国最早的大同观和千年之后的共产主义有些许相似之处。在后续漫长的历史演进中，“天下大同”的思想和时代相结合，又形成了各具特色的大同观。同时，大同观也包含了更多的中华气魄。

东汉公羊学家何休曾提出“衰乱世、升平世、太平世”的历史进化观，其中的“太平世”就与“大同”社会相仿。

明清之交，黄宗羲提出“天下之治乱，不在一姓之兴亡，而在万民之忧乐”，他认为夏商周三代才是人类社会的黄金时代，并以此为范式，试图建立“公天下”的制度体系。

清朝后期，随着西方力量的介入，中国摇摇晃晃地步入近代。内忧外患之际，中华儿女对大同社会的向往之情中还增添了浓浓的爱国情。

康有为在《大同书》中说：“吾既生乱世，目击苦道，而思又以救之，昧昧我思，其惟行大同太平之道哉。”他主张破除“九界”，将“中国大同”转变为“世界大同”。

中华人民共和国刚成立不久，为了争取有利的国际环境，中国代表团参加了在印度尼西亚举行的万隆会议。会上，面对某些国家攻击社会主义的言论，中方指出：“根据互相尊重主权和领土完整、互不侵犯、互不干涉内政、平等互利的原则，社会制度不同的国家是可以实现和平相处的。过去殖民统治在亚非国家间所造成的不和与隔阂，不应该继续存在。我们应该互相尊重，消除互相间可能存在的疑虑和恐惧。中国代表团是来求团结而不是来吵架的。”

在中国代表团提出“求同存异”方针后，各国摒弃前嫌，一致讨论通过了包括经济合作、文化合作、人权和自决、附属地人民问题、促进世界和平与合作的宣言等项内容的《亚非会议最后公报》。

可以说，万隆会议为处理国与国之间的关系做出了经典示范。而在这一过程中，“和而不同，美美与共”的大同外交思想至关重要。

从古至今，中华民族的精神文化内核里始终保留着挥之不去的大同色彩。习近平总书记曾多次提到“大道之行，天下为公”的理念，并引用孟子原话“立天下之正位，行天下之大道”来阐释中华民族自古以来对天下大同的追求。

中华民族的大同思想历久弥新、影响深远，持续散发出无穷的活力与魅力。现在，有广大胸怀、心系天下、爱国主义的大同观正在形成。世界大同，和合共生，这些都是中国几千年文明一直秉持的理念。这样的理念就是我们一直在探讨的“天下大同”。

全球化对每个国家和民族的思想文化和价值观念发起挑战时，是选择只听见一种声音，还是促进各种文化和文明间的相互融合、求同存异、互鉴互赏？是选择用军事、经济乃至文化霸权粗暴解决问题，还是促进各国、各民族间的平等相待、和平共处、共谋发展？

从“大同”思想的古老智慧里，人们可以找到很多答案。就中国本身而言，传统“大同”思想的精髓已经融入中国处理国与国关系和积极参与全球化的原则。

全球化时代，我们不再是单独的个体，不再因国籍而相互孤立。新时代“大同观”不是独善其身，而应该有兼济天下的胸怀。正如幸福不应该是局限于独立单元的享受，而应该是世界范围的共同感受。

就世界范围而言，尽管内涵不同，中国传统“大同”思想中的某些东西对于推动当今世界全球化的健康发展仍然具有积极的借鉴意义。

在联合国教科文组织总部大楼前的石碑上，有着这样一句话：“战争起源于人之思想，故务需于人之思想中筑起保卫和平之屏障。”交流和对话永远是消除战争思想、弥合各国、各民族文化差异的最佳方式。

在此时代大背景下，我发起成立中国多彩文明发展基金会，正是为了推动亚洲地区的文化交流，促进文化和谐共生、发展进步，从而建立起亚洲范围内的“大同”社会。我相信，在积极交流和对话的基础上，中国多彩文明发展基金会能够为世界大同做出一定推动和贡献。

人类命运共同体

有人将地球比作一艘大船，将190多个国家比作这艘大船上的乘客。如何才能让这艘大船更稳健地航行？只有这190多个乘客相互尊重、精诚合作，坚持包容与交流，这艘承载着全人类共同命运的“地球号”才能乘风破浪，一路远航。

人类命运共同体的概念，我们并不陌生。两千多年前，希腊哲学家亚里士多德曾说：“人类天生就是社会动物。”因为人类所具有的社会属性，在生存发展中逐步形成了各种群体，也就是共同体。

而早在中国古代，盛行的黄老思想中已经有“共同体”这一概念的萌芽。漫长发展过程中，“天人合一”“和而不同”等传统文化理念，逐渐成为今日人类命运共同体的文化基因。

思想往前发展的同时，脚下的步伐也开始行进。15世纪初，中国著名航海家郑和扬帆远航。“共同体”的概念，开始在海洋与陆地的连接间得到实践。

尽管有着当时最大的船队，郑和下西洋却从不是为侵占掠夺，而是为了文化交流、赠送礼物、商谈贸易。七下西洋的航行中，郑和传递出共享天下太平的期望。

至今，郑和宝船依然被当做“和平”“交流”“友好”的象征。在新加坡海事博物馆中，就有一艘按照原尺寸复制出的郑和宝船。

当时间来到 18 世纪时，“共同体”的概念也依旧在国与国之间延续。彼时，刚刚获得独立的美国打开贸易之路，迫切希望与外界交流。一艘名为“中国皇后号”的美国商船从太平洋彼岸驶来，完成了中美间首次同行。满载而归的航船上，瓷器、丝绸等中国商品随处可见。美国首任总统华盛顿闻讯，购买了 300 多件瓷器。至今，这些古董仍旧收藏在华盛顿故居和宾西法尼亚博物馆。

现在，人类共同生活的广袤世界成为一个小小的“地球村”。人与人之间的距离被无限拉近，国与国的联系也无限紧密，共同体的概念超越了时空限制。

什么是命运共同体？

人类只有一个地球，各国共处一个世界。2012 年党的十八大明确提出“要倡导人类命运共同体意识，在追求本国利益时兼顾他国合理关切”。

《孟子·滕文公下》有一句话：“居天下之广居，立天下之正位，行天下之大道，得志，与民由之；不得志，独行其道。”这正是孟子对大丈夫当有天下情怀、共同命运的思考。

“万物并育而不相害，道并行而不相悖。”当我们站在世界历史的高度来重新审视今天世界的发展趋势时，坚持和平发展道路、坚持独立自主外交政策、坚持互利共赢开放战略，依旧是我们与各国人民一起构建人类命运共同体所要坚持的路径。

这个世界上有两种强大的力量，一种是武力，还有一种是思想。从长远论，思想的力量远比武力强大。助力人类命运共同体，迈向美好未来，首先要关注文明文化的力量。

梁启超曾说："文化者，人类的心能所开积出来之有价值的共业也。"在共同体的五项内涵中，"文化共同体"是构建一切的基础，也是推动人类文明进步和世界和平发展的重要力量。

在文化上构建人类命运共同体，更要尊重世界文明的多样多元。丰富多彩的各类文明，就如同我们每个个体带有自身的特性。在漫长的历史长河中，人类创造了绚丽多彩的文明。各个国家、各个地区共同构成了世界文明的图谱。我们不能否定个体差异，应当尊重不同。"和而不同"是中华文明的古老智慧，体现的是开放处世的天下情怀。

文明是连接人类交流对话的纽带，构建周边命运共同体，更需要文明的力量。推动文明交流与互鉴，建立文化共同体，需要秉持正确的认识和态度。

2008 年，北京奥运会的开幕式上，各种各样的"和"字向世界传递出中国"以和为贵"的文化理念。

天安门城楼上，"世界人民大团结万岁"的标语非常醒目。今天，人类命运共同体是对“世界人民大团结万岁”的深刻践行，也是对“天下一家，万国咸宁”这一中国古代思想的延续。

世界丰富多彩，各类文明交相辉映，每个国家、每个民族都为人类文明的发展做出过贡献。海纳百川，有容乃大。只有相互交流，相互促进，世界文明发展才能充满活力。

每一种文明延续的都是国家和民族的血脉。毋庸置疑，构建人类命运共同体首先要构建周边命运共同体。中国国界线绵长，周边地缘环境复杂，打造周边命运共同体面临挑战。但同时，我们与周边国家山水相连，构建周边命运共同体是大势所趋。

古老商路承载了曾经的文明对话，见证了亚洲人民交流的往事。璀璨的亚洲文明作为世界文明的重要组成部分，是人类共同的精神财富。

构建人类命运共同体任重道远，需要一代又一代的青年人为之奋斗。作为中国青年、亚洲青年，在此亚洲文明交流互鉴的重要历史节点，我们构建中国多彩文明发展基金会，以此助力，做亚洲文明的传 承者和守护者，共创亚洲文明和世界文明的美好未来。

构建人类命运共同体，这是所有生活在地球上的人类的美好愿景。人类共处一个地球，你中有我，我中有你，联系越加紧密。世界这艘大船要乘风破浪、驶向前方，需要各个国家团结协作，而中国正通过自己的努力，追寻世界人民大团结的共同愿景。

我们期待怎样的世界

1300 多年前，一位僧人自都城长安出发，开启了一场漫漫西行之旅。历经千辛万苦，他终于抵达了印度，求取到上乘佛法。来回途中，他将华夏文明的盛名传播到沿途各个国度。

这位僧人就是玄奘，在后来写成的《大唐西域记》里，他记录道："亲践者一百一十国，传闻者二十八国，或事见于前典，或名始于今代。"

唐朝是历史上对外交往比较活跃的时期，与亚洲、非洲，乃至欧洲的一些国家都有往来。玄奘西行就是唐朝与世界诸国交往的一个缩影，类似的例子还有鉴真东渡、阿倍仲麻吕来华等。这是一个气度恢弘、色彩瑰丽的浪漫王朝。曾有历史学家评价说，"唐朝具有世界主义的气质"。在当时，唐朝具有相当高的国际声望。时至今日，世界各地的华人聚居区仍被称为"唐人街"。

唐朝时，在华夏文化强有力的感召下，朝鲜、日本、越南等国纷纷来华学习。聚集在华夏这一中心文明的周围，当时的亚洲各国和睦相处、一片和谐之声。

1300 多年后，习近平总书记出席亚洲文明对话大会时说道："人是文明交流互鉴最好的载体。深化人文交流互鉴是消除隔阂和误解、促进民心相知相通的重要途径。”[①] 诚然如习近平总书记所言，身处世界大环境的人，是文明传承传播的载体，而今天的世界在飞速变化之中，文化文明的交流碰撞随时都在发生，对于世界、对于世界文明，身处其中的我们也有更高的期待。

和平是发展的基础，有了和平的内外环境，各国才能安心发展经济、改善民生、繁荣文化科技事业。没有和平的大环境，世界不可能迎来发展；若不发展，世界各国也不能保持和平。历史规律显示，只有树立世界眼光，坚持和平发展道路，不断扩大同各国的互利合作，才能更好地实现自我发展，更好地应对全球性挑战，并为全球发展作出贡献。因此，世界各国更要互相尊重、和睦相处，让文明交往活动跨越国界、跨越时空，“共同维护比金子还珍贵的和平时光”。

经济是文化、政治等发展进步的物质保障和有力支撑。当前世界不乏有部分国家和人民仍处于贫困之中。对此，世界各国要携手合作，推 进更加普惠、平衡、共赢的经济全球化，共同消除贫穷落后现象，为 子孙后辈创造衣食无忧的生活，让幸福真正走进千家万户。

中国历史研究院世界历史研究所副研究员邓超曾说：“人们发现，

① “习近平出席亚洲文明对话大会开幕式并发表主旨演讲”，《人民日报》，2019 年 5 月 16 日。

亚洲文明仁爱、中庸、包容的特点，对西方文明具有矫正作用。习近平总书记提出共建亚洲命运共同体，既体现出对世界和平的强烈关切和追求，也表达了中国对共同构建亚洲和平繁荣发展的期望。”

文化“润物细无声”，具有强大的力量。要实现可持续发展，世界各国各民族间必须加强文化交流互鉴，夯实共建人类命运共同体。

未来，随着世界各国的崛起，不同文明也将在弥合各国争端、促进世界和平发展、加强各国各民族间交往互信方面发挥越来 越重要的作用。

近几十年来，很多国家敞开大门，主动融入全球化的历史潮流，赶上了高速发展的国际快车。以后，世界各国只会更加敞开大门。

未来，我们期望看到世界各国各民族在尊重差异、平等对话、互赏互鉴、兼收并蓄的原则下不断推动文明创新进步，为世界文明贡献出新的成就。

世界期待怎样的中国青年

百年中国跌宕前行的征途上，青年们荡气回肠的奋斗历程被历史镌刻。他们的时代使命、青春梦想、奋斗决心，始终在历史长河中熠熠生辉，激励着一代又一代中国青年。

今日之中国，再不同往日。目前，中国是世界上综合国力最强的发展中国家，在国际地位不断提升的同时，中国也正发生着深刻而广泛的变化。我们青年身处在中国发展速度极快、极活跃的时代，拥有的机会和挑战前所未有。

1979 年，世界对中国的了解非常少，中国与世界的交往也非常少。那时，在瑞典能见到的华人屈指可数。但改革开放短短几十年，中国与世界从隔阂到融合，全世界都能看到中国人的身影。

当前，中国与世界的关系早已发生了历史性的变化，中国与世界的前途命运联系日益紧密。世界越来越需要中国。伦敦政治经济学院的 Danny Quay 教授表示："10 年或 20 年后，全球经济重心将会落在中国和印度之间。"助力世界和平繁荣与发展，构建人类命运共同体，中国青年一代在机遇与挑战中将担当起新时代的使命和责任。

世界期待怎样的中国青年？答案呼之欲出。

拥有全球化的视野，站在世界格局的高度去包容学习多元文化，是中国青年应当培养的意识。

过去几十年，中国从贫困落后的国家快速发展成为如今举足轻重的经贸大国。国际地位和综合国力快速提升的同时，中国的话语权也随之加强。在世界紧密连成一个整体的当下，中国青年在国际社会扮演着越来越重要的角色。

中国的发展离不开世界，世界的繁荣发展也离不开中国。作为新时代青年，我们要以开放包容的胸怀，加强与世界的交流和联系，建立与各国人民的友谊。同时，我们要展示中国青年的优秀面貌，做好世界了解中国、认识中国的桥梁角色。

鲁迅曾说，青年“所多的是生力，遇见深林，可以辟成平地的，遇见旷野，可以栽种树木的，遇见沙漠，可以开掘井泉的”。富有朝气与活力的青年是世界的希望，未来的接力棒也将由青年一代接过。

青年是国家、民族的希望，更代表着世界的未来。中国青年走向世界，更要坚定热爱祖国是立身之本。

走向世界的中国青年，唯有首先热爱自己的国家，才能赢得世界的尊重。一个否定自己出身，不感念自己国家的人，纵使再有能力，也必将不被世界认可。

面对美好时代、美好生活，我们更要懂得饮水思源，感恩党和国家为我们创造的美好时代。出身在社会主义中国的我们，享受着国家为我们创造的和平环境、时代机遇，一旦我们成才，反哺社会、感恩国家是理所应当的选择。

在培养世界眼光的同时，我们青年人也要不忘自己的根源所在。学习了解世界多元文化、多元价值观的时候，更要懂得维护自己的主流价值观，求同存异、和而不同。

作为时代的中坚力量，中国青年在面对复杂的世界大变局时，要明辨是非、坚守立场。

让中国了解世界，让世界了解中国，这是我们当代青年的使命。世界多元丰富，未来广袤无垠，走出去方知世界之大。中国青年走出去，代表的是国家形象，更要讲好中国故事，展示中国青年担当，积极促进对外交流。

当今世界变化发展飞速，知识信息也在日日更新。时不待人，青年要抓紧时机，与时俱进，紧跟时代潮流，不断丰富自己。

不断学习世界优秀文化、科技等，拓宽眼界视野，加快知识更新换代，优化知识体系结构。活到老，学到老。

身为当代青年，我们最富朝气与活力，最有冲劲与动力，要将学习贯穿生活始终，做优秀青年，做有才青年，为世界奉献出中国青年的力量。

中国青年要永葆创新精神，以源源不断的活力助力世界发展。创新是驱动发展的重要动力，也是面向未来的关键战略。创新更是国家兴旺发达，世界进步繁荣的动力。

当代青年更应该走在创新的前列，敢想敢做、敢为人先，积极投身创新实践，做出一番自己的成绩。世界期待拥有创新精神的人才，人类需要以创新推动发展。在广阔的国际大舞台上，创新型人才带来的将是改变世界的力量。

当代中国青年要敢于担当时代责任，要有远大理想和抱负。国家的未来在青年，世界的未来在青年，习近平总书记勉励当代青年当“立志圣而圣矣，立志贤而贤矣”，要到新时代的天地当中去，让理想在现实里生根发芽，让奋斗成为青春最亮丽的底色。

后记
正能量与文明新图景

在我写作这本书的时候，来自亚洲47个国家和五大洲的各方嘉宾齐聚北京，共襄亚洲文明对话大会。

这让我感到十分自豪与振奋，如今国际形势的不稳定性不确定性更加突出，所有的共识都依赖于交流与交往，亚洲文明对话大会打开了促进亚洲及世界各国文明开展平等对话、交流互鉴、相互启迪的新机会。

作为中国青年企业家，我时刻关注国家动向，我深知企业家们取得的每一个成绩，都与我们这个国家的历程休戚相关，同频共振。

比我们更早取得成功的企业家们有一个结论：但凡成功的企业家，都是时代企业家。我理解的企业家如果要获得持续的成功，必须要善于把握和传递文明的火种，积极参与到推进人类文明的事业中，才可以真正做到基业长青。

如《现代的历程》所描述，很多年前，一粒粒毫无价值的沙子，经过工匠之手，变作神奇的玻璃，成为望远镜、显微镜和烧瓶，他们带来了科学，而科学带来了现代。

很多年后，连最愚蠢的人都学会了制作玻璃，但新一代工匠们又将沙粒变成了硅片和光纤，将人类所有的智慧和文明传至世界的每一处应许之地，一个伟大的后现代来了。

其实无论是在这个伟大的后现代中，还是现代的前期，人类文明的前进才是真正的主旋律和核心逻辑，基于文明的人类命运共同体的构建在今天将超越历史上的任何时期。

回顾历史、展望世界，文明因多样而交流，因交流而互鉴，因互鉴而发展。从丝绸之路的古老商路到现在的“一带一路”，世界文明在交流互鉴中互相促进，发展壮大。

作为中国的青年企业家之一，经营企业，更要传递新商业文明与正能量，要有根植中国文明之心，花开世界文明之行。

这本书，是我对自身经历、正能量和新商业文明的一些看法和理解。

我始终认为，人性的正能量和文明的理性力，是构成我们前行路上的两条铁轨，所以我无论经营企业多么忙，都在思考如何传递正能量和文明的火种。希望我的这本书和其他的一些努力，能照亮一些人的前路，我也希望更多人能加入我们，共同努力，共同创造世界文明的美好未来！

写到此处，本书接近尾声，亚洲青年乃至世界青年的使命却刚刚开启。一位朋友讲，在一场国际青年交流的论坛中，不管来自哪个国家，大家都讲到“我到过阿富汗，我看到……”“我在南非时发现……”“我在巴基斯坦的两个月时间内……”这些人中不乏中国人，大家都致力于共同解决亚洲乃至世界的问题。这些也是我坚定地要为亚洲青年写下这一本书，推进成立中国多彩文明发展基金会的主要原因。

本书的完成，离不开很多人的支持和帮助，我最想感谢的是我的好友廖宇靖先生，他本人就是一名优秀的青年作家，2012 年，被英国《金融时报》评为“中国最具潜力的‘80 后’作家”之一，2015 年荣获第七届新锐艺术人物文学人物大奖。2018 年，他获选中国年度影响力正能量作家奖。本书的主题、方向、观点，等等，都有廖宇靖先生的智慧和心血。

我还要感谢西南交通大学朱炜博士、石立春博士、孙红林博士等好友，他们以专业的理论素养和独特视角为本书的写作提供了诸多建设性的意见。

另外感谢考拉看看团队，这是一个充满梦想与朝气的团队，他们深耕于内容创作与图书运作已经 5 年，团队成员有长达 10 多年的内容策划与运营经验。与其他人不同，考拉看看带着一种使命感在进行他们的事业，为记录这个时代做出他们自己的贡献。感谢著名翻译家曹顺发先生领衔，为本书翻译出高质量的英文版本。

最后感谢读者，有你们的耐心阅读，才有这本书的价值，希望这本书能够给广大青年传递一种奋斗的价值观，为国家和民族，为“两个一百年”和实现中国梦贡献自己的力量。

文泽平

2019 年 8 月 26 日晚

于蓝骄传媒